속뜻을 알려주고
표현을 살려주는
성장기
속담

마음으로 생각하는
인성 공부 시리즈 3

속뜻을 알려주고 표현을 살려주는 성장기 속담

글 윤병무
추천 최기홍(고려대학교 심리학부 교수)

국수

| 추천의 글 |

부모는 자녀가 어떻게 성장하길 바랄까

최기홍
고려대학교 심리학부 교수
고려대학교 KU마음건강연구소 소장

만약에 어른들에게 소망을 들어주는 능력자가 나타나, 자신에 대한 소박한 소망을 한 가지만 말하라면 어떤 대답을 할까? 대답은 한결같지 않을 것이다. 암 같은 큰 병에 걸린 사람은 '건강 회복'이라고 대답할 수 있고, 가난에서 벗어나지 못하고 있는 사람은 '빚 갚을 돈'이라고 대답할 수 있고, 사업에 실패한 사람은 '사업 성공'이라고 대답할 수 있다. 그런데 서로 다른 이런 대답에는 공통점이 있다. 그것은 '결핍'이다. 결핍은 '있어야 할 것이 없거나 부족한 상태'를 말한다. 그래서 누구나 자신에게 없는 것, 자신에게 부족한 것을 희망하기 마련이다. 자신의 결핍을 채우고 싶은 마음은 당연한 심리이다.

이번에는 성장기 자녀를 둔 부모에게만 이렇게 묻는다. 당신의 자녀가 어떻게 성장하길 바라는가? 부모들은 자녀에게 채워 주고 싶은 것들을 모두 나열할 것이다. '건강하길 바라고, 공부도 잘하길 바라고, 재능도 뛰어나길 바라고, 인성도 좋길 바라고⋯⋯' 등으로 대답하지 않을까. 그것은 두루 갖추어 훌륭히 성장하길 바라는 마음일 것이다. '건강, 공부, 재능, 인성⋯⋯'은 모두 인생의 매우 중요한 가치이기 때문이다. 그럼, 그 질문을 바꾸어 그중 두 개만 고르라면 어떤 대답이 나올까? 그러면, 가장 중요한 가치부터 고를 수도 있겠지만, 마음속으로는 덜 중요한 가치부터 X표 할 수도 있겠다. 그 방법으로 X표 한다면 어떤 순서로 지워질까? 끝까지 지워지지 않는 소망은 '건강'일 것이다, 생명은 가장 중요하니까. 그럼, 남은 '공부, 재능, 인성' 중에서 무엇이 지워지지 않을까. 여기서부터는 정답은 없다.

그런데, 뉴스를 보면 잊힐 만하면 보도되는 불쾌한 사건들이 있다. 그것은 의료인, 법조인, 정치인, 고위 공직자, 종교 지도자 등이 저지른 성범죄나 부정부패 사건이다. 우리 주변에도 사회적으로 성공한 사람 중에서 남들에게 손가락질 받는 사람이 종종 있다. 일터에서, 음식점에서, 도로에서, 공공장소에서 보이는 그들은 요즘 말로 '갑질'의 당사자이기도 하다. 앞의 뉴스의 대상들도, 사회 공동체에서 손가락질 받는 '그들'도 대개는 성공한 사람들이다. 그들은 성장기에 공부도 잘하고, 재능도 뛰어나서 또래들보다 진학 경쟁력을 갖춘 아동이었고 청소년이었다. 다만, 그들은 성장기에도 좋은 인성을 갖추지는 못했을 것이다. 그들이 인성마저 좋았다면, 훗날 사회적으로 지탄받게 되지 않았을 것이다. 오히려, 자신의 사회적 지위나 전문성을 사회에 베풀어 사람들에게 칭찬받았을 것이다.

그럼, 앞의 질문을 다시 보자. 부모들은 자녀가 어떻게 성장하길 바라는가? '자녀의 건강' 다음인 가치는 무엇일까. 아니, '건강'에 '마음의 건강'까지 포함시킨다면, '좋은 인성'이야말로 몸 건강만큼 챙겨야 하는 가치가 아닐까. 이 말에 동의한다면, '자녀의 좋은 인성'은 어떻게 챙길 수 있을까. 자녀가 건강한 인성을 갖추려면 부모는 자녀를 어떤 길로 이끌어야 할까. 즉, 자녀의 '인성 교육'은 어떻게 가능할까. 그 '길'은 자녀의 인생이다. 그래서 그 '길'을 가는 사람은 부모가 아니라 자녀이니. 그 '길'을 부모가 동행하면 좋겠지만, 부모는 자녀 또래의 성장기로 되돌아갈 수 없다. 그런 처지를 이런 속담이 말한다. '소를 물가에 데려갈 수는 있어도 물을 먹일 수는 없다.' 그러니, 부모의 역할은 '소를 물가에 데려가는 일'일 따름이다.

그러려면, 부모는 어디에 물이 있는지, 무엇이 물인지를 먼저 발견해야 할 것이다. 그런 의미에서 나는 이 책이 포함된 '마음으로 생각하는 인성 공부 시리즈'를 추천한다. 이 시리즈는 바로 그 '물가'이기 때문이다. 동아시아 최고의 고전인 『논어』는 2500년 동안 인류의 좋은 선생님이었다. 그 영향력은 이미 서양까지 확장되었다. 하지만 『논어』는 해석이 분분하고 그 내용이 깊어서 성장기 독자가 그 물속에 생각을 담그기가 쉽지 않다. 그런데, 이 시리즈의 하나인 『생각을 열어주고 마음을 잡아주는 성장기 논어』는 그야말로 『논어』에서 성장기 아이들이 읽으면 좋을 내용만 고르고 추려서 독자의 눈높이로 다정히 풀어 쓴 탁월한 산문이다. 그래서 성장기 독자가 이 책을 자기 마음의 물결에 비추어 읽는다면, 모두가 공감하는 『논어』를 통하여 지절로 '인성 공부'를 할 수 있게 되리라.

이 시리즈의 또 하나의 '물가'는 『옛일을 들려주고 의미를 깨쳐주는 성장기 고사성어』이다. 매일은 깃털처럼 많아도 인생은 짧다. 그래서 뜻있게 살기 위한 인생의 경험은 한계가 있다. 역사 공부가 필요한 이유도 그 때문이다. 앞선 인류가 어떻게 살았는지, 그래서 인류의 시간이 어떻게 지나왔는지를 알고 나면 뜻있는 삶의 길이 보인다. 더욱이, 역사의 옛일에서 생겨난 뜻 깊은 말(글)은 오늘을 살아가는 성장기 아이들에게는 소중한 자료이자 좋은 선생님이 된다. 그런 의미에서 **『옛일을 들려주고 의미를 깨쳐주는 성장기 고사성어』**는 부모는 할 수 없는, 성장기 독자의 인성 공부에 꼭 필요한 선생님이 될 것이다. 왜냐하면 이 책은 '고사성어'를 그저 건조하게 풀이한 안내서가 아니기 때문이다. 이 책의 원고를 읽으며 나는 느꼈다, 이 책은 성장기 독자의 마음을 쓰다듬으며 그 마음의 고삐를 천천히 이끌어 '물가'로 데려가고 있음을. 내가 다시 성장기로 돌아갈 수 있다면, 나는 이 '물'을 얼마나 달게 마실까!

이 시리즈의 또 하나의 '물가'는 **『속뜻을 알려주고 표현을 살려주는 성장기 속담』**이다. 속담은 동네 어른들이 큰 나무 그늘에 앉아 찐 옥수수를 우물우물 씹어 먹는 듯한 말이다. 옛날에는 아이들도 말을 그렇게 듣고 배웠다. 하지만 오늘날의 대화는 속담을 잘 사용하지 않는다. 대화 문화가 달라진 까닭이기도 할 테고, 속담을 잘 모르는 이유이기도 할 테다. 그런데, 속담은 말하는 사람의 생각과 마음을 직접 드러내지 않고도 쉽고 유머 있게 소통할 수 있는 장점이 많은 대화법이다. 더욱이, 속담은 문학적이다. 모든 속담은 비유로 이루어져 있기 때문이다. 비유는 표현력을 높여 준다. 그런데 속담에는 말하는 사람의 심리가 깔려 있기에, 비뚤어진 심리에서 출현한 속담은 바람직하지 않다. 그런 의미에서 나는 성장기 독자에게 『**속뜻을 알려주고 표현을 살려주는 성장기 속담**』을 추천한다. 이 책에 담긴 꽤 많은 속담 모두는 성장기 독자가 알아 두면 좋고, 잘 활용하면 더 좋을 내용들이기 때문이다. 이 책의 구성도 마음에 든다. 저자는 이 책에 많은 속담을 담고 싶어 한 듯하다. '속담'은 『논어』와 '고사성어'만큼 이해의 폭을 넓히기 위해 자세한 풀이를 할 필요는 없었기 때문이지 않을까. 각각의 속담이 담고 있는 속뜻과 그 사례만 얘기해 주어도, 독자가 상황에 걸맞은 속담을 일상에서 스스로 활용하게끔 많은 속담을 비교적 짧지만 명료하게 소개해 주려고 한 것은 아닐까. 더욱이 이 책에 담긴 속담들은 사십 대인 나도 처음 들어 보는 것들이 많다. 그러고 보면, '인성 공부'는 거두어들이는 활동이 아니라 확장하는 활동일 테다.

할 말이 많다 보니 수다가 길어졌다. 그 바람에 청탁받은 원고 양을 훌쩍 넘겨 버렸다. 아무쪼록, '마음으로 생각하는 인성 공부 시리즈'가 성장기 아이들의 생각과 마음을 단단하게 살지게 하여, 훗날 '입시 공부'에도 지치지 않게 하는 건강한 '인성 공부'의 바이블이 되기를 바란다. 내가 아는 한, 가장 튼튼하기에 오래가는 공부가 바로 '인성 공부'이기 때문이다. 그러기에 이 시리즈는 충분히 그 역할을 해 줄 수 있을 거라고 심리학자인 나는 믿고, 추천한다.

차례

추천의 글 부모는 자녀가 어떻게 성장하길 바랄까
최기홍(고려대학교 심리학부 교수) • 7

머리말 속뜻을 알려주고 표현을 살려주는 속담 • 17

가마 속의 콩도 삶아야 먹는다 • 24

가랑잎이 솔잎더러 바스락거린다고 한다 • 26

낙숫물이 댓돌을 뚫는다 • 28

벼 이삭은 익을수록 고개를 숙인다 • 30

뚝배기보다 장맛이 좋다 • 32

물이 깊어야 고기가 모인다 • 34

달도 차면 기운다 • 36

다리 아래서 원을 꾸짖는다 • 38

비를 드니까 마당을 쓸라 한다 • 40

쌀은 쏟고 주워도 말은 쏟고 못 줍는다 • 42

흘러가는 물도 떠 주면 공이 된다 • 44

모르면 약이요 아는 게 병 • 46

누울 자리 봐 가며 발을 뻗어라 • 48

복은 쌍으로 안 오고 화는 홀로 안 온다 • 50

사흘 살고 나올 집이라도 백 년 앞을 보고 짓는다 • 52

우선 먹기는 곶감이 달다 • 54

자라 보고 놀란 가슴 솥뚜껑 보고 놀란다 • 56

잠꾸러기 집은 잠꾸러기만 모인다 • 58

쉬 더운 방이 쉬 식는다 • 60

고추보다 후추가 더 맵다 • 62

없어 일곱 버릇, 있어 마흔여덟 버릇 • 64

미운 사람 고운 데 없고, 고운 사람 미운 데 없다 • 66

비 온 뒤에 땅이 굳어진다 • 68

질러가는 길이 돌아가는 길이다 • 70

아니 땐 굴뚝에 연기 날까 • 72

지는 힘보다 놓는 힘이 더 든다 • 74

뒤주 밑이 긁히면 밥맛이 더 난다 • 76

수제비 잘하는 사람이 국수도 잘한다 • 78

손톱은 슬플 때마다 돋고 발톱은 기쁠 때마다 돋는다 • 80

차례

들은 귀는 천 년이요 한 입은 사흘이라 • 82

안 본 용은 그려도 본 뱀은 못 그린다 • 84

꿀은 달아도 벌은 쏜다 • 86

냇물은 보이지도 않는데 신발부터 벗는다 • 88

김 안 나는 숭늉이 더 뜨겁다 • 90

버들가지가 바람에 꺾일까 • 92

굽은 나무가 선산을 지킨다 • 94

산이 높아야 골이 깊다 • 96

가는 날이 장날이다 • 98

손 안 대고 코 풀기 • 100

구름이 자꾸 끼면 비가 온다 • 102

기름을 엎지르고 깨를 줍는다 • 104

눈 와야 솔이 푸른 줄 안다 • 106

소도 언덕이 있어야 비빈다 • 108

선무당이 장구만 탓한다 • 110

머슴살이 삼 년에 주인 성 묻는다 • 112

산엘 가야 꿩을 잡고 바다엘 가야 고기를 잡는다 • 114

옆집 처녀 믿고 장가 안 간다 • 116

드는 정은 몰라도 나는 정은 안다 • 118

귀 소문 말고 눈 소문 내라 • 120

열 길 물속은 알아도 한 길 사람의 속은 모른다 • 122

미꾸라지 천 년에 용 된다 • 124

사공이 많으면 배가 산으로 간다 • 126

진 꽃은 또 피지만 꺾인 꽃은 다시 피지 못한다 • 128

하루 물림이 열흘 간다 • 130

옥도 갈아야 빛이 난다 • 132

겨울이 지나지 않고 봄이 오랴 • 134

고기는 씹어야 맛을 안다 • 136

부스럼이 살 될까 • 138

활이 있으면 살이 생긴다 • 140

엿장수네 아이 꿀 단 줄 모른다 • 142

찾아보기 • 144

| 머리말 |

속뜻을 알려 주고
표현을 살려 주는 속담

 '속담'이란 무엇일까요? 속담은 '옛날부터 쉬운 생활어로 사람들의 입에 오르내리며 전해 온 교훈적인 말'이에요. 그래서 속담에는 평범한 사람들이 평소에 깨달은 생활의 지침이 간결하고 재치 있는 말로 표현되어 있어요. 예컨대, '열 손가락 깨물어 안 아픈 손가락이 없다.' '가지 많은 나무에 바람 잘 날 없다.'라는 말들처럼, 속담은 평범한 사람들이 일상생활에서 흔히 보고 느낄 수 있는 사물에 빗대어서 자신이 깨달은 생활 지침을 쉽고도 짧은 말로 재치 있게 표현되어 있어요. '속담'과 비슷한 낱말은 '격언'이나 '잠언'이에요. 격언과 잠언은 영어로는 아포리즘(aphorism)이라고 일컬어요. 그중 격언은 '글로 나타낸 인생에 대한 교훈'이에요. 잠언은 '가르쳐서 훈계하는 말이나 글'이에요. 그래서 격언과 잠언은 평범한 사람들이 만들어 낸 말이기보다는 대개는 예술가, 작가, 정치인, 학자, 교육자 같은 지성인이 창작한 글로써 세상에 알려져 있어요. 예컨대, '습관은 제2의 천성이다.' '인생은 짧고 예술은 길다.' 같은 격언과 잠언은 그 말들에 담고 있는 교훈을 속담처럼 사물에 빗대기보다는 모양과 색깔이 없는 추상적인 말로 쓴 문장이 많아요.

그래서 우리는 사람들과 대화할 때 격언과 잠언보다는 속담을 더 자주 활용해요. 속담은 사람들 사이에서 더 익숙한 말일뿐더러, 어떤 상황에 어울리는 적절한 얘기를 쉽고도 재치 있게 표현할 수 있기 때문이에요. 그런데 속담들을 소개하는 국어사전을 찾아보면 그 가짓수가 매우 많을뿐더러, 속담 중에는 '속된 말'로 표현되었거나 누군가를 '낮잡아 이르는 말'로 표현된 것도 적지 않아요. 더욱이, 속담 중에는 옳지 않은 생각으로 만들어진 말도 꽤 있어요. 예컨대, '못생긴 며느리 제삿날에 병난다.' 같은 속담이 그래요. 이 속담은 '하필이면 할 일이 많은 제삿날에 밉상인 며느리가 아프다니 화난다.'라고 풀이할 수 있겠어요. 그래서 이 속담에 담긴 뜻은 '가뜩이나 미운 사람이 더 미운 짓만 한다.'예요. 이렇듯 이 속담에는 며느리를 깎아내리며 못마땅해 하는 시어머니의 그릇된 마음이 나타나 있어요. 그러므로, 속담이라고 해서 모두 배울 만한 교훈을 담고 있는 것은 아니에요.

그런 까닭에, 이 책은 성장기 아이들의 '인성 공부'에 도움이 되고, 우리말 표현력을 키워 주기에 좋은 속담들만 골라 담았어요. 그것은 이 책의 시리즈가 '인성 공부'라는 공통점이 있기에 그 결을 같이하는 까닭이에요. 그리고 '속담'은 우리나라의 현행 초등 국어 교과서에서 주요 단원으로 다루고 있는 만큼, 말하기, 듣기, 쓰기, 읽기의 의사소통 활동에서 중요한 대화법이기 때문이에요. 그 핵심은 '표현력'에 있어요. 속담은 우리가 일상 대화를 할 때, 말하는 사람의 생각과 마음을 짧고도 효과적으로 전달할 수 있으니까요. 그러려면 말하는(쓰는) 사람도, 듣는(읽는) 사람도 여러 속담을 잘 알고 있어야 하며, 적절한 상황에 마땅한 속담을 말하거나 쓸 수 있고, 또 잘 알아듣거나 잘 읽어 낼 수 있어야 해요. 따라서, 이 책에 소개한 속담들은 우리의 성장기 아이들이 배우고 익혀 두면 독자의 위

성도 건강하게 길러 줄뿐더러, 대화할 때나 글 쓸 때 잘 활용하면 훌륭한 표현력을 발휘할 수 있을 것들이에요.

이 책에 담은 속담은 120가지예요. 그런데 그중에는 어른들도 처음 들어 보는 속담이 많을 거예요. 우리가 잘 모르지만, 재치 있고 뜻 깊어서 수준 높은 속담들을 주로 골랐어요. 앞서 출간된 비슷비슷한 책들이 아니기 바라면서요. 말(글)은 활짝 열릴수록 표현력도 세련되고 확장되니까요. 그 120가지 속담 중에서 60가지는 각각 한 페이지 분량에 사례를 덧붙여 친절한 산문으로 풀어 썼어요. 속담마다 그 뜻을 잘 이해하는 것이 우선이기에 속담에 쓰인 낱말들과 그 문장의 이해를 돕는 뜻풀이를 산문으로 풀어서 설명했어요. 그리고 되도록 성장기의 독자가 자기 생활에서 공감할 수 있는 사례를 덧붙여서 독자가 마음으로 느낄 수 있도록 구성했어요. 또 다른 60가지 속담은 각각의 대표 속담과 관련 지을 수 있는 속담들이에요. 그 관련성은 비슷한 뜻을 담고 있는 다른 속담이기도 하고, 더 참고할 만한 뜻을 담고 있는 다른 속담이기도 하고, 서로 같은 낱말이 포함된 다른 속담이기도 해요. 따라서, 이 책의 독자는 관련된 두 속담을 비교하여 각각의 쓰임을 더 넓고 깊게 이해하여 다양하게 활용할 수 있을 거예요. 이 책의 이러한 편집 구성은 자연스레 독자의 '읽기 능력'을 키워 줄 수 있다고 저는 믿어요. 그것은 한국어 독해력(讀解力), 또는 한국어 문해력(文解力)이라고 일컫는 '읽기 활동'과 맞닿아 있어요. 따라서, 이 책은 마치 '속담'이라는 꼬치에 '속담 이해—인성 공부—속담 활용—문해력 향상'이라는 4원색의 영양소가 맞물려 꿰어져 있는 '융합 교과서'라고 말할 수 있어요. 이러한 이 책을 통하여 모쪼록, 독자 여러분이 대화할 때나 글을 쓸 때, 뜻있고 재치 있는 속담들을 잘 활용하면서 '인성'도 부쩍 자라고 '표현력'도 성큼 성장하길 바라요.

지은이 윤병무

가마 속의 콩도 삶아야 먹는다

속담의 속뜻
다 이룬 듯하거나 쉬운 일이라도
마지막까지 힘쓰지 않으면 목적을 이루지 못한다

낱말 뜻
가마: 장작으로 불을 지펴서 숯, 도자기, 기와, 벽돌을
굽는 시설. 하지만 이 속담에서는 가마솥을 일컬음

관련 속담
구슬이 서 말이라도 꿰어야 보배

옛날부터 진주 같은 멋진 구슬은 그 가운데에 구멍을 뚫어서 끈으로 엮어 목걸이나 팔찌 같은 보배를 만들었어요. 그런 보배에 빗댄 이 속담은 '아무리 훌륭하고 좋은 것이라도 잘 다듬어 쓸모 있게 만들어야 값어치가 있음'을 일컫는 말이에요.

생콩은 비린 맛이 나고 배탈 날 수 있어서 콩을 먹으려면 불에 익혀야 해요. 콩을 냄비에 넣고 껍질째 쪄 먹든, 쌀과 함께 밥솥에 넣어 콩밥을 지어 먹든, 가마솥에 푹 익히고 갈아서 두부로 만들어 먹든 말이에요. 그러려면 반드시 불을 피워 가열해야 해요. 그것이 콩을 먹기 위한 마지막 과정이에요. 밭을 갈고, 콩을 심고, 콩을 키우고, 콩을 수확하고, 콩 껍질을 벗겨 내고, 콩을 씻고, 깨끗한 물에 불려 가마솥에 넣는 일까지는 마쳤으니까요. 그런데, 불을 피우는 마지막 과정을 거치지 않으면 콩을 삶을 수도, 먹을 수도 없어요. 그래서 생겨난 속담이 '가마 속의 콩도 삶아야 먹는다'예요. 그 속뜻대로, 다 이룬 듯하고 쉬운 일이라도 마지막까지 힘쓰지 않으면 목적을 이루지 못해요. 일기장과 연필과 지우개를 준비하고, 일기로 쓸 이야기까지 정했어도, 정작 일기를 쓰지 않으면 준비물과 생각은 아무 소용없어요. 아무리 열심히 달렸어도 결승선을 통과해야 경주가 끝나요.

가랑잎이 솔잎더러 바스락거린다고 한다

속담의 속뜻
자기의 허물은 모른 체하고 남의 허물만 지적한다

낱말 뜻
가랑잎: 활엽수의 마른 잎
솔잎: 소나무의 잎

관련 속담
겨울바람이 봄바람보고 춥다 한다

겨울바람은 사계절 부는 바람 중에서 가장 추워요. 초봄에 부는 봄바람은 여전히 차갑지만 그래도 겨울바람보다는 덜 추워요. 그러므로, '나뭇잎의 넓이' 대신 '바람의 기온'에 비유한 이 속담은 위의 '가랑잎이 솔잎더러 바스락거린다고 한다'와 같은 뜻이에요.

"시몬, 너는 좋으냐? 낙엽 밟는 소리가." 프랑스 작가 구르몽(R. Gourmont) 시 「낙엽」의 한 구절이에요. 조용한 늦가을 숲에서 낙엽을 밟아 보았나요? 마른 잎을 밟으면 세월의 깊은 소리가 나요. 그런데 가랑잎의 바스락거리는 소리가 마른 솔잎보다 크게 나요. 가랑잎은 잎이 넓고, 솔잎은 잎이 좁은 까닭이에요. 이 이치에서 '가랑잎이 솔잎더러 바스락거린다고 한다'라는 속담이 생겨났어요. 이 속뜻대로, 자기 허물이 더 큰데도 남의 허물을 손가락질하는 경우가 있어요. 이 속담을 오늘날 유행하는 말로 하자면 '내로남불'이에요. '내로남불'이 더 짧고 간단한 말이지만, 상대를 공격하는 말투여서 말에 품위는 없어요. 반면에, '가랑잎이~'의 속담은 다소 길고 에둘러 하는 말이지만, 그래서 상대를 점잖게 타이르는 듯한 품위가 있어요. 그래서 '같은 내용이라도 이렇게 말하여 다르고 저렇게 말하여 다르다.'라는 뜻으로, '아 해 다르고 어 해 다르다'라는 속담도 생겨났이요.

낙숫물이 댓돌을 뚫는다

속담의 속뜻
작은 힘으로라도 꾸준히 노력하면 큰 성과를 이룰 수 있다

낱말 뜻
낙숫물: 기와 지붕의 바깥 부분인 처마 끝에서 떨어지는 물
댓돌: 전통 기와집의 바닥 전체에 반듯하게 둘러놓은 돌

관련 속담
낙숫물은 떨어진 데 또 떨어진다

우리나라 전통 기와집은 비가 내리면 기와의 모양 때문에 지붕에 내린 빗물이 낙숫물이 되어 항상 같은 자리에 떨어져요. 그것은 '습관'을 떠올리게 해요. 그 이치에서 생겨난 이 속담은 '뭐든 습관이 되면 바꾸기 어렵다는 것'을 일컫는 말이에요.

　수백 년 된 전통 한옥에 가면, 댓돌의 한곳이 조금 파여 있는 모양을 볼 수 있어요. 그것은 지붕에서 빗물이 한자리에 반복해 떨어져 생긴 흔적이에요. 이 이치에서 생겨난 속담이 '낙숫물이 댓돌을 뚫는다'와 '낙숫물은 떨어진 데 또 떨어진다'예요. 앞의 속담은 '작은 힘으로라도 꾸준히 노력하면 큰 성과를 이룰 수 있음'을 일컫는 말이고, 뒤의 속담은 '뭐든 습관이 되면 바꾸기 어렵다는 것'을 뜻하는 말이어서 둘의 속뜻은 서로 달라요. 그런데 재미있는 것은 앞의 속담의 이치가 뒤의 속담에 근거하고 있다는 점이에요. 낙숫물은 떨어진 자리에 또 떨어지기에, 그런 반복된 낙하 운동이 마침내 댓돌을 뚫으니까요. 같은 뜻인 우보천리(牛步千里)라는 사자성어도 있어요. 이 뜻은 '소걸음으로 천 리를 간다.'예요. 소의 걸음은 느리지만, 뚜벅뚜벅 쉬지 않고 가면 천 리도 갈 수 있어요. 독서도 그래요. 조금씩이라도 매일 책을 읽으면 몇 년 뒤에는 수백 권이 머릿속에, 마음 속에 들어와 있을 거예요.

벼 이삭은 익을수록 고개를 숙인다

속담의 속뜻
교양 있고 마음을 닦은 사람일수록 겸손하게 행동한다

낱말 뜻
벼: 쌀을 열매로 맺는 한해살이풀
이삭: 곡식을 맺는 풀에서 꽃대 끝에 열매가 열리는 부분

관련 속담
물이 깊을수록 소리가 없다

물이 얕은 도랑물은 '졸졸졸' 소리를 내며 흘러가요. 반면에, 물이 깊은 강물은 웅장하지만 조용히 흘러가요. 이런 자연의 이치에 빗댄 이 속담은 '마음과 생각이 깊은 사람은 잘난 체하거나 뽐내지 않음'을 뜻해요. 그래서 위의 속담과 속뜻이 비슷해요.

우리 밥상에 오르는 쌀밥은 벼의 열매예요. 논에서 촘촘히 자라는 벼를 보았나요? 봄에 심은 모(벼의 싹)가 자라서 벼가 되어요. 가을이 되면 누레진 벼마다 수십 개의 열매들이 여물어요. 열매가 커지고 단단해진 거예요. 벼 이삭마다 한 움큼씩 여무니 그 열매들이 무거워져요. 그래서 그 열매들은 축 늘어져요. 그 모양이 마치 사람이 고개를 숙이는 자세로 보인 거예요. 그 모양에 빗대 '벼 이삭은 익을수록 고개를 숙인다'라는 속담이 생겨났어요. 벼 이삭처럼 사람도 철이 들어 남을 배려하는 마음이 생기면 겸손해져요. 겸손한 사람은 우쭐대거나 뽐내지 않아요. 그런 언행이 남의 마음을 불편하게 할뿐더러, 결코 옳지 않음을 잘 알고 있는 거예요. 그런데도 어른이 되어서도 겸손하지 않은 사람은 적지 않아요. 신체의 벼는 자랐지만, 마음의 열매는 자라지 않은 까닭이에요. 그럼, 마음은 어떻게 자랄까요? 벼 이삭이 햇빛을 바라보며 자라듯, 마음도 남을 생각할 줄 알아야 성장해요.

뚝배기보다 장맛이 좋다

속담의 속뜻
겉모양은 보잘것없어도 내용은 훌륭하다

낱말 뜻
뚝배기: 된장찌개나 설렁탕을 담는, 진흙으로 만든 그릇
장맛: 간장, 된장, 고추장의 맛

관련 속담
꾸러미에 단 장 들었다

이 속담에서 '꾸러미'는 된장, 간장, 고추장의 재료인 '메주'를 묶어 매다는 새끼줄을 뜻해요. 그 '꾸러미'는 볼품없지만, 그것에 묶인 '메주'에는 맛있는 된장, 간장, 고추장이 들어 있다는 말이에요. 그래서 이 속담도 위의 속담과 비슷한 속뜻을 담고 있어요.

　우리나라 밥상에는 찌개가 자주 올라요. 된장찌개, 김치찌개, 순두부찌개, 동태찌개, 꽁치찌개, 두부찌개를 비롯해 많은 찌개가 있어요. 그중에서 대표적인 찌개는 된장찌개예요. 어느 지역이든 된장은 옛날부터 우리의 기본 식재료이니까요. 그런 된장찌개는 주로 뚝배기에 끓여요. 이 역시 우리 전통 문화에서 비롯되었어요. 오늘날은 흔한 냄비가 옛날에는 없었기에 찌개를 끓일 때는 서민에게 많이 보급된 뚝배기가 제격이었어요. 뚝배기는 보온 효과도 좋을뿐더러 조심스레 다루지 않아도 되는 편리한 그릇이에요. 그래도 도자기 그릇에 비하면 투박한 모양이에요. 그래서 생겨난 속담이 '**뚝배기보다 장맛이 좋다**'예요. 뚝배기 모양은 보잘것없지만 그 안에 담긴 된장찌개는 자주 먹어도 구수하니까요. 주변 학생들을 떠올려 보아요. 키도 작고 힘도 없어 보이지만 운동장에 나가면 못하는 운동이 없는 학생이 있어요. 그러니 실력은 겉모습만으로 판단하면 안 되어요.

물이 깊어야 고기가 모인다

속담의 속뜻
1. 인품이 훌륭해야 주변 사람들이 따르게 된다
2. 어떤 조건을 갖추어야 적절한 내용이 뒤따른다

관련 속담
덕은 닦은 데로 가고 죄는 지은 데로 간다

덕(德)은 일상에서는 '베풀어 준 은혜나 도움'을 뜻하는 말이며, 죄(罪)는 '잘못이나 허물 때문에 벌을 받을 만한 일'이에요. 그래서 이 속담은 '남에게 덕을 베푼 사람은 그만큼 자기에게 돌아오고, 죄를 지은 사람은 그만큼 벌을 받는다.'라는 뜻을 담고 있어요.

　개울처럼 얕은 물에서는 큰 물고기가 살지 않아요. 먹이도 적고 활동하기도 불편한 까닭이에요. 반면에, 깊은 물에서는 크고 작은 다양한 물고기가 자유롭게 살아요. 그래서 물의 깊이가 물고기들이 살아가는 조건이 되어요. 이 이치에서 '물이 깊어야 고기가 모인다'라는 속담이 생겼어요. 그런데 이 속담은 두 가지 뜻으로 사용해요. 첫 번째는 '인품이 훌륭해야 사람들이 따른다.'이고, 두 번째는 '일정한 조건이 되면 적절한 내용이 뒤따른다.'예요. 예컨대, 이순신은 뛰어난 장군이었지만, 인품도 훌륭하여 군사들이 장군을 잘 따랐어요. 그것이 첫 번째 뜻의 사례예요. 두 번째 뜻으로는 어떤 사례가 있을까요? 예컨대, 성능 좋은 타이어를 생산하면 자동차 회사들이 그 타이어를 선택해요. 여기에서, 성능 좋은 타이어는 '일정한 조건'이고, 자동차 회사의 선택은 '적절한 내용'이에요. 그러니 이 두 가지 뜻에는 공통점이 있어요. 그것은, 어떤 결과는 어떤 조건일 때 나타난다는 점이에요.

달도 차면 기운다

속담의 속뜻
1. 세상의 모든 것은 한번 번성하고 나면 쇠퇴하기 마련이다
2. 행운이 언제까지나 계속되는 것은 아니다

관련 속담
물도 가다 구비를 친다

강물은 강의 모양에 따라 흘러가요. 어느 지점에서 강의 밑바닥이 푹 꺼져 있거나, 크게 구부러져 있으면 강물은 굽이 쳐 흘러가요. 이 이치에 빗댄 이 속담은 '사람의 한평생에는 삶이 크게 변화하는 때가 있기 마련임'을 뜻하는 말이에요.

　　달빛 모양은 밤마다 조금씩 바뀌어요. '초승달→ 상현달→ 보름달→ 하현달→ 그믐달'이 되었다가 다시 초승달로 바뀌기를 반복해요. 이런 자연 현상에 빗대 '**달이 차면 기운다**'라는 속담이 생겨났어요. '달이 찬다.'라는 표현은 '달빛이 달을 가득 채운다.'라는 뜻이어서 보름달을 일컬어요. 보름달이 달 모양으로는 가장 큰 모양이니까요. 달빛은 보름달이 된 이후로는 점점 작아져요. 이 현상에 빗댄 이 속담은 '==뭐든 한번 번성한 다음에는 쇠퇴하기 마련이다.==' 또는 '==행운은 계속되는 것이 아니다.=='라는 속뜻을 담고 있어요. 화려하게 핀 꽃도 며칠 지나면 시들어요. 마침 풀어 본 수학 문제를 이튿날 치른 시험지에서 만날 수는 있지만 매번 그렇지는 않아요. 그러므로 어떤 일이 잘되거나 행운을 잡았더라도 결코 자만하면 안 되어요. 산이 높으면 골짜기도 깊은 법이니까요. 반대로, 어떤 일이 잘 안 되거나 불행을 겪더라도 결코 절망하면 안 되어요. 시든 꽃은 이듬해에 다시 피어나니까요.

다리 아래서 원을 꾸짖는다

속담의 속뜻
당사자에게 직접 말하지 못하고 그가 못 듣는 곳에서 불평한다

낱말 뜻
다리: 이 속담에서는 몸의 다리가 아니라 교량(bridge)을 뜻함
원(員): 옛날에 각 고을을 맡아 다스리던 지방 관리

관련 속담
돌다리도 두들겨 보고 건너라

'돌다리'는 돌로 만든 다리예요. 그래서 돌다리는 튼튼하여 무너질 염려가 없어요. 그런데도 이 속담은 '돌다리가 안전한지 확인하라'고 권해요. 그러므로 이 속담은 '잘 아는 일이라도 세심하게 주의하라'는 뜻을 담고 있어요. 주의하여 나쁠 건 없어요.

옛날에 한 백성이 혼자 다리 아래로 내려갔어요. 그곳에는 그 사람뿐이었어요. 그는 울면서 원님을 원망했어요. 고을 원님의 잘못된 판결로 자신의 아버지가 억울한 옥살이를 하고 있었어요. 하지만 그의 가족은 신분이 낮아 원님에게 항의하지 못했어요. 그래서 그는 아무도 듣지 않는 다리 밑에서 한탄하며 혼잣말을 한 거예요. 화나는 마음을 털어 놓을 데가 그곳뿐이었어요. 이 이야기는 지어냈지만 그럴듯해요. '다리 아래서 원을 꾸짖는다'라는 속담이 있으니까요. '속담'은 일반인들이 공감할 만한 내용을 담고 있으니까요. 이 속담은 오늘날에는 '상대가 못 듣는 곳에서 불평함'을 일컫는 말로 사용해요. 그런데 신분 사회가 아닌 오늘날에는 누구나 부당한 일을 겪으면 상대가 누구든 그 사실을 말이나 글로 밝힐 수 있어요. 그것은 자신을 지키는 행동이며, 또 다른 누군가가 같은 일을 겪지 않게 하는 예방 조치예요. 그래도 용기는 필요해요. '용기'는 그럴 때 필요한 마음가짐이에요.

비를 드니까 마당을 쓸라 한다

속담의 속뜻
스스로 일하려고 마음먹었는데, 하필 그때 그 일을 지시하여 일하려는 사람의 기분을 망친다

낱말 뜻
비: 이 속담에서 '비'는 쓰레기를 쓸어 내는 '빗자루'를 뜻함

관련 속담
옆찔러 절 받기

'옆찌르다.'라는 말은 '남모르게 슬쩍 알려 주려고 손이나 팔꿈치로 상대방의 옆구리를 찌른다.'라는 뜻이에요. 그렇게, 옆에 있는 사람을 옆찔러서 절을 받는다는 이 속담은 '상대방은 마음에 없는데 눈치 주어 대접을 받는 경우'를 일컫는 말이에요.

학교에서 귀가한 학생이 간식도 먹고, 컴퓨터 게임도 하다가 저녁이 돼서야 학교 숙제를 하려고 마음먹었어요. 그 모습을 지켜보시던 엄마가 한마디 하세요. "학교 숙제는 언제 하려고?" 그 말에 학생은 기분이 상했어요. 그러잖아도 곧 하려던 참이었는데, 하필 그때 잔소리를 들은 거예요. 학생은 짜증 난 목소리로 대꾸해요. "내가 알아서 한다고요!" 엄마가 한마디 더 해요. "알아서 안 하니까 하는 말이지!" 이런 상황은 우리 주변에 흔해요. 모처럼 마음먹고 일하려는데, 하필 그때 일의 지시를 받는 경우는 종종 있어요. 그래서 '비를 드니까 마당을 쓸라 한다'라는 속담이 생겼어요. 마당을 쓸려고 방금 빗자루를 들었는데 바로 그때 그에게 웃어른이 마당 청소를 하라는 거예요. 그러면 빗자루를 쥔 사람은 기분이 상해요. 누구든 명령에 따라 일하기는 싫어해요. 누구든 자발적으로 일하고 싶어 해요. 그래야 능률도 올라요. 마음 내켜서 스스로 하는 일은 열심히 하기 마련이니까요.

쌀은 쏟고 주워도 말은 쏟고 못 줍는다

속담의 속뜻
쌀은 쏟더라도 다시 주워 담을 수 있지만, 말은 입 밖에 나오면 거두어들일 수 없으므로 항상 말조심을 해야 한다

관련 속담
쏘아 놓은 살이요, 엎질러진 물이다

이 속담 속의 낱말 '살'은 '화살'을 뜻해요. 활시위에서 벗어난 살(화살)은 되돌릴 수 없고, 이미 엎질러진 '물'도 원래대로 돌이킬 수 없어요. 그래서 이 속담도 위의 속담과 같은 뜻이에요. 다만, 이 속담은 '말'뿐만 아니라 '행동'이나 실행한 '일'도 포함해요.

　어떤 말을 하고는 후회해 본 적이 있나요? 그 상대가 친구든, 가족이든, 처음 만난 사람이든 말이에요. 말은 말하는 사람의 생각과 마음을 표현하는 말소리로 나타나요. 그런데 때때로 생각과 마음은 말하는 사람의 감정 상태에 따라 다르게 표현되어요. 말하는 사람에게 기쁜 일이 생겼을 때는 말이 쾌활하고 다정하게 나와요. 반면에, 화나는 일이 생겼을 때는 말에 가시가 돋곤 해요. 그래서 가시 돋은 말을 내뱉으면 상대방 마음에 그 말의 가시가 박혀요. 문제는 그 '말의 가시'는 물체가 아니어서 보이지도 잡히지도 않다는 거예요. 선인장을 만지다가 손에 가시가 박히면 곧바로 빼내면 되지만, 말의 가시는 그럴 수 없어요. 그래서 '쌀은 쏟고 주워도 말은 쏟고 못 줍는다'라는 속담이 생겨났어요. 쏟은 쌀을 줍는 일은 귀찮아도 수고하면 되돌릴 수 있어요. 하지만, 실수로 한 말이라도 입 밖으로 내놓으면 결코 지울 수 없어요. 세상일은 말 한마디로 친구가 되기도 하고, 원수가 되기도 해요.

흘러가는 물도 떠 주면 공이 된다

속담의 속뜻
주는 사람에게는 대수롭지 않은 일이어도
받는 사람에게는 고마운 일이 된다

낱말 뜻
공(功): 공로(功勞)의 준말.
'일을 마치거나 목적을 이루는 데 들인 노력과 수고'를 뜻함

관련 속담
쌀독에서 인심 난다

'쌀독'은 '쌀을 넣어 두는 큰 항아리'예요. '인심'은 '남을 도와주는 마음'이에요. 이 속담을 풀이 쓰면 '쌀독에 넣어 둔 쌀이 많아야 남을 도와줄 마음도 생긴다.'라는 말이어서, 이 속담은 '자신에게 여유가 있어야 다른 사람도 도울 수 있음'을 일컫는 말이에요.

조선 시대에 과거(나라의 관리를 뽑을 때 실시하던 시험)를 치르려고 먼 길을 가던 선비가 있었어요. 갈증이 났던 그가 우물을 만났어요. 우물가에 있던 한 백성이 선비를 보고는 우물물을 떠 담아 선비에게 건넸어요. 선비는 남김없이 물을 마시고는 고맙다고 말했어요. 과거 시험장에서 선비는 그 일을 멋진 글로 써서 과거에 합격했어요. 고향으로 돌아가던 선비는 그 우물을 다시 찾아갔어요. 마침 그 백성이 그곳에 있었어요. 선비는 그에게 은수저 한 벌을 선물로 주었어요. 방금 지어낸 이야기예요. 오늘날에도 남을 배려하는 사람이 있어요. 승강기를 타고 1층에 도착했을 때 옆 사람에게 "먼저 내리세요."라고 말하는 사람이 있어요. 이런 배려를 받으면 흐뭇해요. 그래서 '흘러가는 물도 떠 주면 공이 된다'라는 속담도 생겨났어요. 이 속담의 속뜻처럼, 배려하는 사람에게는 대수롭지 않은 일도 배려 받는 사람에게는 고마운 일로 여겨져요. 배려는 친절한 마음의 선물이에요.

모르면 약이요 아는 게 병

속담의 속뜻

전혀 모르면 차라리 마음 편하지만,
어설프게 알고 있으면 걱정거리가 된다

관련 속담

입에 쓴 약이 병에는 좋다

이 속담에서 일컫는 '약'은 '한약'이에요. 한약은 쓴맛이 나요. 약은 병을 치료하려고 먹어요. 이 이치에서 이 속담이 생겨났어요. 그런 이 속담은 '충고나 비판을 들으면 당장은 마음이 불편하지만, 그 지적을 받아들이면 잘못을 고칠 수 있음'을 일컫는 말이에요.

　약초를 캐는 김 씨와 이 씨가 있었어요. 김 씨는 서쪽 산으로 갔고, 이 씨는 동쪽 산으로 갔어요. 약초를 많이 캔 김 씨가 흐뭇한 마음으로 마을로 돌아왔어요. 그는 매일 이만큼만 약초를 캐면 좋겠다고 생각했어요. 동쪽 산으로 갔던 이 씨도 마을로 돌아왔어요. 이 씨는 백 년 묵은 산삼 세 뿌리를 캐 왔어요. 이튿날 그 얘기를 들은 김 씨는 혼잣말을 했어요. "내가 약초를 많이 캐면 뭐해. 이렇게 몇 달을 캐야 산삼 한 뿌리만도 못한걸." 김 씨는 일도 못 하고 우울했어요. 방금 지어낸 이 이야기에서 김 씨는 차라리 산삼 얘기를 안 듣는 게 더 좋았겠어요. 그래서 '모르면 약이요 아는 게 병'이라는 속담이 생겨났어요. 산삼은 운이 좋아야 발견해요. 그런데 운은 좋을 때도 있고 나쁠 때도 있어요. 김 씨가 열심히 약초를 캐러 다니니 김 씨도 언젠가는 산삼을 발견할 수 있을 거예요. 김 씨가 이렇게 생각했다면, 이튿날도 활기차게 생활할 수 있었을 거예요. 뭐든 제대로 알면 병이 되지 않아요.

누울 자리 봐 가며 발을 뻗어라

속담의 속뜻
1. 미리 조건을 살피고 결과를 예상하여 일을 시작하라
2. 시간과 장소를 가려 행동하라

관련 속담
오르지 못할 나무는 쳐다보지도 마라

고양이는 높은 나무에도 능숙하게 잘 오르지만, 개는 아무리 애써도 그러지 못해요. 고양이와 개의 신체 발달 조건이 서로 다르기 때문이에요. 이처럼, 이 속담은 '자기 능력으로는 불가능한 일은 애초에 시도하지 말아야 함'을 일컫는 말이에요.

　민속촌에 가면 초가집이 있어요. 그 방들은 오늘날과 비교하면 크기가 꽤 작아요. 어른 한 사람이 누워 다리를 뻗으면 벽에 닿을 만큼 작아요. 그래서 키 큰 사람일수록 그런 방에 누우려면 가늠하여 다리를 뻗어야 해요. 자칫하면 반대편 벽에 머리를 찧을 수도 있으니까요. 실제로 옛날에는 이런 일이 종종 일어났을 거예요. 그래서 '누울 자리를 봐 가며 발을 뻗어라'라는 속담이 생겨났어요. 그러므로 이 속담의 뜻은 '어떤 일을 할 때는 먼저 조건을 살피고 결과를 예상하여 시작하라.'예요. 이를테면, 가족 여행 계획을 세우더라도 가족 구성원들의 일정과 살림 형편을 고려하여 정해야 해요. 무리하게 추진하면 뒷감당을 못 해요. 또 이 속담은 '시간과 장소를 가려 행동하라.'라는 뜻으로도 쓰여요. 예컨대, 남들과 함께 승강기를 사용할 때 시끄럽게 대화하면 예의에 벗어나요. 여행지 숙소에서도 밤늦은 시간에 목소리를 높이면 이웃 사람들에게 피해를 주어요. 세상에 조건 없는 일은 없어요.

복은 쌍으로 안 오고 화는 홀로 안 온다

속담의 속뜻
복 받기는 매우 어렵고 재앙은 연거푸 겹쳐 온다

낱말 뜻
복(福): 살아가면서 누리는, 좋고 만족할 만한 행운
화(禍): 느닷없이 닥친 불행한 사고나 재앙

관련 속담
짝 없는 화가 없다

불쾌한 일이나 불행한 일은 종종 연달아 일어나곤 해요. 그래서 나쁜 일은 짝을 이루어 닥친다고 말할 수 있어요. 예컨대, 논밭에 홍수 피해를 입고 나면 그 자리에 병충해가 생기는 일이 잦아요. 그래서 이 속담도 위의 속담과 비슷한 뜻을 담고 있어요.

　1등 복권에 당첨될 확률은 몇백 만 분의 1이에요. 그런데도 사람들이 복권을 사요. 복(福) 받고 싶은 마음이 시킨 거예요. 그 희박한 일의 당사자가 어쩌면 자신일 수도 있다고 마음이 부추긴 거예요. 하지만 복권을 산 수백만 명의 사람들은 1등에 당첨되지 못해요. 그런 복을 받는 일은 매우 드문 까닭이에요. 반면에, 화(禍)를 당하는 경우는 그보다 훨씬 더 많아요. 통계에 따르면, 우리나라에서 발생하는 교통사고는 하루 평균 600건이 넘어요. 그 사고로 매일 약 10명이 사망하고, 1000명가량이 부상을 입어요. 그런데 복을 연거푸 받을 가능성은 더욱 희박해요. 반면에, 불행한 일이 대개 연이어 일어나요. 예컨대, 교통사고를 당한 이후 생계가 힘들어지는 경우는 흔해요. 그래서 '복은 쌍으로 안 오고 화는 홀로 안 온다'라는 속담이 생겼어요. 옛날 사람들도 생활에서 그런 패턴을 발견한 거예요. 그래서 탁월한 점술가(점치는 사람)들은 말해요. "진짜 복은 화를 겪지 않는 것입니다."라고요.

사흘 살고 나올 집이라도 백 년 앞을 보고 짓는다

속담의 속뜻

무슨 일을 하든지 대충대충 하지 말고 앞날을 생각하여 최선을 다해야 한다

관련 속담

호미로 막을 것을 가래로 막는다

'호미'와 '가래'는 농기구예요. 호미는 쉽게 쓸 수 있고, 가래는 온몸으로 써야 해요. 이 속담은 '적은 힘으로도 해 낼 수 있는 일에 큰 힘을 들이는 경우'와 '일이 커지기 전에 하면 쉽게 해결될 일을 방치하여 나중에는 큰 힘을 들이게 된 경우'를 일컫는 말이에요.

함박눈이 내리면 아이들이 어울려 눈썰매도 타고 눈사람도 만들어요. 눈사람을 떠올려 보아요. 사람들이 만든 눈사람은 크기도 다르고 모양도 달라요. 정성껏 만든 눈사람은 제법 그럴듯하고, 성의 없이 만든 눈사람은 엉성해요. 마찬가지로, 여름날 해변에서는 사람들이 모래성을 쌓아요. 어떤 모래성은 크고 멋지지만, 작고 대충 만든 모래성도 있어요. 눈사람은 며칠 지나면 햇볕에 녹고, 모래성은 밀물이 들면 파도에 쓸려 사라져요. 그런데도 누군가는 정성껏 만들고, 어떤 사람은 대충 만들어요. 왜 이렇게 다를까요? 그것은 생활 태도에서 비롯해요. 뭐든 최선을 다하는 사람이 있는가 하면, 뭐든 대충 하는 사람이 있어요. 둘 중에 어떤 태도가 앞날이 밝을까요? 그래서 '사흘을 살고 나올 집이라도 백 년 앞을 보고 짓는다'라는 속담이 생겨났어요. 야영장에서, 이튿날엔 다시 거두어들일 텐트를 치더라도 정성껏 설치한 텐트는 밤사이 비바람이 불어도 끄떡없어요. 정성 들인 결과예요.

우선 먹기는 곶감이 달다

속담의 속뜻
뒷일은 생각하지 못하고 당장 좋은 것만 탐한다

관련 속담
곶감 뽑아 먹듯

달고 쫄깃한 곶감은 맛있어서 곶감 꼬치에서 자꾸 빼 먹게 되어요. 그러다 보면 어느새 꼬치에 남은 곶감이 없어요. 이처럼, 이 속담은 '알뜰히 모아 놓은 재산을 자꾸만 쓰다 보면 남은 재산이 별로 없음'을 곶감에 비유하는 말이에요.

곶감은 '껍질을 벗겨서 꼬챙이나 실에 꿰어서 말린 감'이에요. 곶감이든 건포도든 과일을 말리면 단맛이 강해져서 맛있어요. 옛날에는 간식이 드물어서 곶감은 꽤 인기 있는 간식이었어요. 그런데 곶감이 맛있어서 자꾸 먹게 되면 당장은 즐거워도 이튿날 화장실에서 힘든 일이 생겨요. 감에 있는 타닌(tannin)이라는 성분이 변비를 일으키는 까닭이에요. 즉, 전날 많이 먹은 곶감 때문에 변비로 고생하게 되어요. 이런 현상에 빗대어 '우선 먹기는 곶감이 달다'라는 속담이 생겼어요. 이 속담은 '곶감과 변비'의 인과 관계를 담고 있어요. 즉, '뒷일은 생각하지 못하고 당장 좋은 것만 탐하는 경우'를 뜻해요. 우리 생활에도 이 속담의 사례는 많아요. 아침잠에 빠져 학교에 지각하는 경우, 친구들과 노는 재미에 빠져 가족과의 약속을 지키지 못하는 경우, 숙제를 미뤄 둔 채 컴퓨터 게임에 빠져 있는 경우 등이 그것이에요. 단잠, 놀이, 취미라는 곶감이 맛있어도 뒷일은 생각하며 즐겨야 해요.

자라 보고 놀란 가슴 솥뚜껑 보고 놀란다

속담의 속뜻

어떤 사물을 보고 몹시 놀란 사람은
그것과 비슷한 사물만 보아도 놀란다

낱말 뜻

자라: 거북과 비슷하게 생긴 동물이며 하천이나 연못에 산다

관련 속담

몹시 데면 회도 불어 먹는다

'몹시 데면'은 뜨거운 음식에 입천장을 덴 경험을 뜻해요. '회'(膾)는 날고기예요, '불어 먹는다'는 뜨거운 음식을 입바람 불어 식혀 먹는다는 뜻이에요. 음식을 먹다가 덴 경험이 있으면 차가운 회를 먹을 때도 불어 먹는다니, 이 속담도 위의 속담과 같은 뜻이에요.

숲에서 뱀을 보고 놀란 사람은 이후에는 길에 떨어진 굵은 끈을 보고도 놀랄 수 있어요. 그 사람에게 끈의 모양이 뱀 같아 보이기 때문이에요. 또 송충이를 보고 놀란 사람은 강아지풀을 보고도 놀랄 수 있어요. 새끼손가락 길이의 사물에 보송한 털이 돋아 있으면 송충이가 먼저 떠오르는 까닭이에요. 이처럼, 사람들에게는 자기 경험에서 비롯한 어떤 공포감이 마음속에 자리 잡고 있어요. 그래서 생겨난 속담이 '자라 보고 놀란 가슴 솥뚜껑 보고 놀란다'예요. 자라의 등껍질 모양은 얼핏 보면 작은 솥뚜껑 모양과 비슷해요. 옛날에 한 아낙이 마을 개울에서 빨래를 하다가 우연히 자라를 보고는 깜짝 놀랐을 수 있어요. 그 자라가 아낙의 손가락이라도 물었다면 더더욱 놀랐을 거예요. 며칠 후 그 아낙이 옆집 광(창고)에 갔다가 작은 솥뚜껑을 보고는 가슴이 철렁했을 수 있어요. 이 속담은 이런 상상을 불러 일으켜요. 이처럼, 대개의 우리나라 속담은 전래 동화 같은 옛날이야기를 담고 있어요.

잠꾸러기 집은 잠꾸러기만 모인다

속담의 속뜻
어떤 집단이든 비슷한 부류의 사람이 모이게 마련이다

관련 속담
밤낮으로 여드레를 자면 참 잠이 온다

이 속담은 '잠은 잘수록 더 자고 싶어진다.'라는 뜻을 담고 있어요. 잠도 습관이에요. 부지런한 사람 중에는 잠꾸러기는 없어요. 그분들은 활동적이기 때문이에요. 의학자들이 권장하는 수면 시간은 성인은 6~8시간, 어린이와 청소년은 8~9시간이에요.

　이른 아침에 일어나는 사람도 있고, 늦은 아침까지 자는 사람도 있어요. 아침잠 없는 사람들의 공통점은 밤늦게 잠들지 않는다는 것이에요. 그 반대인 사람들도 까닭이 같아요. 늦은 밤에 잠들어서 늦은 아침에 눈 뜨는 거예요. 둘 다 수면 습관이에요. 그중 늦은 아침에야 일어나는 사람들을 '잠꾸러기'라고 불러요. 이른 아침부터 활동하는 사람에게는 '잠꾸러기'로 보이는 거예요. 그런데 취침과 기상 시간은 집안마다 달라요. 어떤 집은 일찍 자고 일찍 일어나요. 반면에, 늦게 자고 늦게 일어나는 집도 있어요. 이러한 수면 습관은 생활에서 비롯해요. 그래서 '잠꾸러기 집은 잠꾸러기만 모인다'라는 속담이 생겼어요. 그런 이 속담은 더 넓은 뜻으로 쓰여요. 즉, 이 속담의 뜻은 '어떤 집단이든 비슷한 부류의 사람이 모이게 마련이다.'예요. 예컨대, 바둑을 좋아하는 사람들은 바둑판 앞에 모이고, 장기를 좋아하는 사람들은 장기판 앞에 모여요. 사자성어로 말하면 유유상종(類類相從)이에요.

쉬 더운 방이 쉬 식는다

속담의 속뜻
공들이지 않고 실행한 일의 결과는 오래가지 못한다

낱말 뜻
쉬: '쉬이'의 준말. '힘들지 않게'라는 뜻

관련 속담
급히 먹은 밥이 목이 멘다

찐 고구마는 물론이고, 밥도 급히 먹으면 목이 메어요. 이 이치에 빗댄 이 속담의 속뜻은 '너무 서둘러 일하면 잘못이 생겨 실패하게 된다.'예요. 그래서 급할수록 돌아가라라는 속담도 생겼어요. 이 속담은 '급한 일일수록 서두르지 말고 차근차근 하라.'라는 뜻이에요.

　이 속담을 이해하려면 한옥의 구조를 알아야 해요. 전통 한옥은 '구들'을 설치해 난방해요. '구들'은 방바닥 아래로 불길이 지나는 사이사이에 넓적한 돌들을 고정해 놓고 그 위에 흙을 발라서 난방할 수 있게 하는 구조물이에요. 그래서 '구들'을 어떻게 설치하느냐에 따라 난방 효과에 큰 차이가 나요. 구들을 잘 놓은 방은 아궁이에 불을 때면 밤새도록 식지 않은 반면, 그렇지 않은 방은 몇 시간이 지나면 식어 버려요. 그 차이는 구들이 화력을 얼마나 오래 간직하느냐에 따라요. 그것은 구들에 놓은 돌들의 위치와 두께가 결정지어요. 그러므로, 돌들의 두께가 얇을수록 구들은 빨리 달구어져요. 대신에, 구들이 식는 속도도 빨라요. 이 이치에 빗대어 '쉬 더운 방이 쉬 식는다'라는 속담이 생겨났어요. 두꺼운 돌을 달구려면 한참을 불 때야 해요. 이 이치에서 알 수 있어요. 공들이지 않고 쉽게 한 일은 그 결과가 오래가지 못한다는 것을 뜻이에요. 모든 결과는 원인을 따르기 마련이에요.

고추보다 후추가 더 맵다

속담의 속뜻
1. 몸집이 작은 사람이 몸집이 큰 사람보다 재주가 뛰어나거나 야무지다
2. 뛰어난 사람보다 더 뛰어난 사람이 있다

관련 속담
작은 고추가 더 맵다

청양 고추는 일반 고추보다 작아도 꽤 매워요. 이 이치에 빗대어 이 속담이 생겨났어요. 스포츠 경기를 보면 덩치 큰 사람보다 왜소한 사람이 더 재빨라요. 몸이 가볍기 때문이에요. 그래서 이 속담도 위의 속담과 같은 뜻이에요.

　고추는 쌈장에 찍어 먹거나 찌개에 썰어 넣어 먹어요. 반면에, 후추는 가루를 내어 고기나 생선에 뿌려 먹어요. 후추는 향신료로만 사용하는 까닭이에요. 향신료는 매운 맛을 내거나 향기로운 맛을 내요. 열매인 후추는 옛날에는 인도 남부에서만 자라서 무척 귀했어요. 후추의 매운 향기는 매우 강해서 가루를 내어 음식에 조금만 넣어도 충분해요. 후추 한 알의 크기는 쌀 한 톨만 해서 작지만, 그 매운 맛은 매운 고추도 당할 수 없어요. 그래서 '고추보다 후추가 더 맵다'라는 속담이 생겼어요. 맵기로 유명한 고추와 후추의 비교에 이 속담의 속뜻이 있어요. 첫째, 후추는 고추보다 작아요. 그래서 이 속담은 '몸집이 작은 사람이 몸집이 큰 사람보다 재주가 뛰어나거나 야무짐'을 일컬어요. 둘째, 고추도 맵지만 후추는 더 매워요. 그래서 또 이 속담은 '뛰어난 사람보다 더 뛰어난 사람이 있음'을 일컬어요. 그러니, 누구든 자신이 뛰어나다고 자만하다가는 더 뛰어난 사람을 만나면 큰코다쳐요.

없어 일곱 버릇, 있어 마흔여덟 버릇

속담의 속뜻
사람마다 여러 가지 버릇이 있다

관련 속담
세 살 버릇이 여든까지 간다

'버릇'은 '오랫동안 반복하여 몸에 익어 버린 행동'이에요. 어른이 되어서도 자기 손톱을 깨무는 사람은 아이 때부터 그 버릇이 있었을 거예요. 그래서 이 속담은 '어릴 때의 버릇은 늙어서까지 고치기 힘들다는 뜻이며, 어릴 때 나쁜 버릇이 들지 않도록 해야 함'을 강조하는 말이에요.

　누구에게나 버릇이 있어요. 눈이나 코를 찡긋거리는 버릇도 있고, 물을 자주 들이키며 밥을 먹는 버릇도 있어요. 또, 의자에 앉아서도 한쪽 다리를 떠는 버릇도 있고, 자신의 머리카락을 자주 만지는 버릇도 있어요. 말투에도 버릇이 있어요. 어떤 사람에게는 말끝을 흐리는 버릇이 있고, 어떤 분에게는 종종 혼잣말을 하는 버릇이 있어요. 가만히 생각해 보아요. 자신에게는 몇 가지의 버릇이 있나요? 스스로 다 알아차리지 못하는 버릇을 포함하면 적어도 열 가지는 될 거예요. 그래서 '없어 일곱 버릇, 있어 마흔여덟 버릇'이라는 속담이 생겨났어요. 이 속담을 풀어 쓰면, '버릇은 없어도 일곱 가지는 되고, 많으면 마흔여덟 가지나 된다.'예요. 따라서, 이 속담은 '사람마다 여러 가지 버릇이 있음'을 일컫는 말이에요. 그런데 버릇에는 '좋은 버릇'도 있고 '나쁜 버릇'도 있어요. 어떤 버릇이 좋고, 어떤 버릇이 나쁠까요? 그것은 '성찰의 눈'으로 바리보면 알 수 있어요. 성찰의 눈은 정지하니까요.

미운 사람 고운 데 없고, 고운 사람 미운 데 없다

속담의 속뜻
한번 좋게 보면 그 사람이 하는 행동이 다 좋게만 보이고, 한번 밉게 보면 그 사람이 하는 행동이 다 밉게만 보인다

관련 속담
세 사람만 우겨 대면 없는 호랑이도 만들어 낼 수 있다

"어제 뒷산에서 호랑이를 보았어." 한 사람이 이렇게 말하면 사람들은 긴가민가해요. 하지만, 세 사람이 같은 얘기를 하면 사람들은 곧이들어요. 이런 심리에서 생겨난 이 속담은 '사실이 아닌 것도 여러 사람이 마음먹고 소문내면 주위 사람들이 곧이듣게 됨'을 일컫는 말이에요.

　선입견(先入見)은 '어떤 대상에 대하여 이미 마음속에 정해 둔 생각'을 뜻하는 낱말이에요. 그래서 사람들의 선입견은 잘 바뀌지 않아요. 선입견의 대상은 '사람'도 포함해요. 사람에 대한 선입견은 사람에 대한 무조건적인 평가예요. 누군가가 어떤 사람을 나쁘게 평가하면 그 사람의 행동이 다 미워지기 마련이에요. 반면에, 어떤 사람을 좋게 평가하면 그 사람이 행동이 다 예뻐지기 마련이에요. 그래서 '미운 사람 고운 데 없고, 고운 사람 미운 데 없다'라는 속담이 생겨났어요. 선입견에 기반한 이 속담은 '누군가를 한번 좋게 보면 그 사람의 행동이 다 좋게만 보이고, 누군가를 한번 밉게 보면 그 사람의 행동이 다 밉게만 보이기 마련임'을 뜻해요. 그러므로 선입견은 '옳은 판단'을 방해하는 눈가리개와 같아요. 선입견은 대상을 있는 그대로 바라보기보다 자기 마음속에 자리 잡은, 한쪽으로 치우친 생각을 바라보기를 좋아해요. 나에게는 선입견이 없는지, 가만히 생각해 볼 문제예요.

비 온 뒤에 땅이 굳어진다

속담의 속뜻
비에 젖은 흙이 마르고 나면 단단히 굳어지듯이,
사람이 시련을 겪고 나면 그전보다 강해진다

관련 속담
태산을 넘으면 평지를 본다

태산(太山)을 넘어가려면 무척 힘들고 오래 걸려요. 그래도 태산을 넘으면 평지가 펼쳐져 있기 마련이에요. 세상살이도 그래요. 어려운 일을 해결하면 기쁘고 좋은 일이 생기는 경우가 많아요. 이 속담은 바로 그런 흐름이나 패턴을 일컫는 말이에요.

　속담은 시(詩)를 닮았어요. 시는 산문보다 글의 길이가 짧지만 세상의 이치를 꿰뚫어 보아요. 그래서 시에는 '비유'가 많아요. 세상의 이치나 현상을 직접 설명하지 않고, 다른 비슷한 사물에 빗대어 말함으로써 짧고 선명하게 표현할 수 있기 때문이에요. '비 온 뒤에 땅이 굳어진다'라는 속담도 시 같아요. 이 속담은 얼핏 생각하면, 당연한 얘기예요. 맨땅에 비가 흠뻑 내리면 흙이 질척질척해지지만, 비가 그치고 햇볕에 마르면 그 흙은 다시 단단해지니까요. 그런데 모든 속담이 그렇듯이, 이 속담도 그저 당연한 사실을 말하려는 게 아니에요. 세상살이의 고난과 즐거움을 '비'와 '땅'에 빗대고 있어요. 즉, 이 속담은 '시련을 겪고 나면 더 강해짐'을 자연에 비유하고 있어요. 물론 장마철에는 장맛비가 여러 날 계속 내리지만, 그래서 시련의 기간도 길지만, 그 시기를 잘 견디고 나면, 젖었던 땅이 땡볕에 마르면서 더욱 단단해져요. 그래서 '고생 끝에 낙(樂)이 온다'라는 속담도 생겨났어요.

질러가는 길이 돌아가는 길이다

속담의 속뜻
어떤 일을 준비 없이 빨리하려고 성급히 서두르면
도리어 일을 그르치거나 더 늦어지기 쉽다

관련 속담
길로 가라니까 뫼로 간다

누군가가 먼 길을 갈 때 뫼(산)를 넘어 가면 거리는 가깝겠지만 위험하고 불편할 거예요. 반면에, 평지 길로 가면 거리는 더 멀겠지만 안전하고 덜 힘들 거예요. 따라서 이 속담은 '편하고 유리한 방법을 알려 주었는데도 굳이 자기 고집대로만 하는 것'을 '길'과 '뫼'에 빗대어 일컫는 말이에요.

　설악산에 가면 여러 등산로가 있어요. 그 갈림길마다 길을 안내해 주는 이정표가 설치되어 있어요. 그런데 누군가는 지름길로 질러가려고 등산로를 이탈해 다른 산길로 가곤 해요. 그 산길은 사람들이 잘 다니지 않아 수풀이 무성하고 갈림길이 나와도 이정표가 없어요. 그 길은 골짜기로도 이어져 있어서 오르내리기가 힘들어요. 결국 그는 발길을 멈추고는 처음에 이탈한 산길로 돌아와요. 지름길로 가려고 했지만 헛수고한 셈이에요. 이런 경우에서 '질러가는 길이 돌아가는 길이다'라는 속담이 생겨났어요. 세상살이의 일도 마찬가지예요. 예컨대, 그림을 그릴 때도 빨리 끝내려는 마음이 앞서서 서둘러 그리면 나중에는 엉망이 되어서 처음부터 다시 그려야 해요. 그래서 이 속담은 '어떤 일을 빨리하려고 성급히 서두르면 도리어 일을 그르치거나 더 늦어지기 쉬움'을 뜻하는 말이에요. 그것은 균형과 크기를 맞추어 차곡차곡 쌓은 돌탑이 오랜 세월이 지나도 쓰러지지 않는 이치와 같아요.

아니 땐 굴뚝에 연기 날까

속담의 속뜻
1. 원인 없는 결과는 없다
2. 어떤 일이 있었기 때문에 그 일에 대한 소문이 나는 것이다

관련 속담
콩 심은 데 콩 나고 팥 심은 데 팥 난다

콩을 경작할 때는 밭에 콩을 심어요. 팥을 경작할 때는 밭에 팥을 심어요. 콩 심은 밭에서 팥이 자라는 일은 발생하지 않아요. 씨앗인 콩은 원인이고, 그 콩에서 자란 한해살이풀인 콩은 결과예요. 이처럼 이 속담은 '모든 일은 원인이 있기 마련이어서 그것에 걸맞은 결과가 나타난다.'라는 말이에요.

굴뚝에 연기가 피어오른다는 것은 그 굴뚝에 연결된 화덕이나 아궁이에 불을 피웠기 때문이에요. 불을 때지 않았는데 연기가 나는 경우는 없어요. 이 과학적 사실에 빗대어 생겨난 속담이 '아니 땐 굴뚝에 연기 날까.'예요. 이 속담을 말하는 상황은 누군가가 실제로 일어난 일을 감추거나 부정하는 일이 있을 때예요. 그러면 그 사람에게 이렇게 말하고 싶을 거예요. "연기가 나는데 불을 때지 않았다고?" 그래서 이 속담은 '원인 없는 결과는 없음'을 뜻하거나, '실제로 어떤 일이 있었기 때문에 그 일에 대한 소문이 일어남'을 일컫는 말이에요. 다시 말하면, 어떤 결과가 생겨난 것은 어떤 원인이 있었기 때문인 것이고, 어떤 소문이 나는 것은 그런 일이 있었기 때문이라는 것이에요. 다만, 어떤 소문이 났다고, 반드시 그 소문과 같은 일이 실제로 일어났다고 단정할 수만은 없어요. 소문 중에는 헛소문도 있고 거짓말도 있으니까요. 그런 경우는 거짓말이 원인이고 소문은 결과예요.

지는 힘보다 놓는 힘이 더 든다

속담의 속뜻
다 끝내 가는 일을 마무리하는 일이 더 어렵고 중요하다

관련 속담
길이 멀면 말의 힘을 알고 날이 오래면 사람의 마음을 안다

말[馬]은 사람을 등에 태우고도 먼 길을 갈 수 있어요. 그 모습을 본다면 이 속담의 "길이 멀면 말의 힘을" 느낄 수 있을 거예요. 그리고 사람을 오랫동안 사귀면 그 사람의 마음을 알아차릴 수 있어요. 그래서 이 속담은 '사람은 오래 사귀어 보아야 그 사람이 진짜 어떤 사람인지를 알 수 있음'을 일컫는 말이에요.

'지다'라는 낱말에는 여러 뜻이 있어요. '승부에서 패하다.'라는 뜻도 있고, '해가 넘어가거나 꽃이 시들다.'라는 뜻도 있고, '물건을 짊어서 등에 얹다.'라는 뜻도 있어요. '지는 힘보다 놓는 힘이 더 든다'라는 속담에서는 세 번째 뜻이에요. 그래서 이 속담은 무거운 쌀가마니나 지게를 등짐 지는 상황을 말하고 있어요. 그런데 왜 무거운 물건을 등에 지고 갈 때보다 내려놓을 때 더 힘들까요? 등짐을 져 보면 알 수 있어요. 등짐을 질 때도 힘들고, 짐을 지고 걸을 때도 힘들지만, 마지막에 짐을 내려놓을 때는 더 힘들어요. 그것은 짐을 내려놓을 때 자세를 낮추어야 하기도 하지만, '이제 끝났다!' 하는 마음 때문이기도 해요. 짐과 함께 마음을 내려놓을 때, 마음이 풀어져 짐이 더 무겁게 느껴지는 것이에요. 그래서 이 속담은 '다 끝나 가는 일을 마무리하는 일이 더 어렵고 중요함'을 일컬어요. '끝이 좋아야 모든 게 좋다'(Everything is good when the end is good)라는 영국 격언도 있어요.

뒤주 밑이 긁히면 밥맛이 더 난다

속담의 속뜻
흔하던 것이 없어지면 그것이 더 간절하게 생각난다

낱말 뜻
뒤주: 곡식을 담아 두는, 나무로 만든 궤(상자)

관련 속담
숯은 달아서 피우고 쌀은 세어서 짓는다

이 속담에 생략된 말을 넣어 다시 풀어 쓰면, '숯은 저울에 달아서 피우고 쌀은 한 개씩 세어서 밥을 짓는다.'예요. 숯을 저울에 달고, 쌀을 하나씩 세는 사람은 구두쇠일 거예요. 그래서 이 속담은 '매우 인색한 사람'을 빗대어 하는 말이에요.

　우리나라의 전통 쌀통인 뒤주는 나무로 만든 궤(상자)예요. 뒤주에는 쌀 따위의 곡식을 보관해 두어요. 옛날에는 뒤주의 곡식을 바가지로 퍼 담아 밥을 지었어요. 그런데 뒤주의 곡식이 얼마 남아 있지 않으면 바가지가 뒤주의 밑바닥을 긁게 되어요. 뒤주의 곡식이 다 떨어져 가는 상태예요. 곡식이 넉넉하면 안심하고 밥을 짓겠지만, 그렇지 않으면 걱정이 앞설 거예요. 그러니 그때는 평소보다 밥이 더 맛있게 느껴지기 마련이에요. 이런 심리에서 '뒤주 밑이 긁히면 밥맛이 더 난다'라는 속담이 생겨났어요. 작은 아이스크림 한 통을 여럿이 나누어 먹을 때, 라면 한 개를 끓여서 두 사람이 나누어 먹을 때를 떠올려 보아요. 뭐든 부족하면 더 소중하게 느껴져요. 가족도 그래요. 아침저녁으로 함께 생활했던 아빠가 여러 날 출장을 가시면 마음이 허전해지고 그리운 마음이 생기는 것도 같은 이치예요. 그래서 이 속담은 '흔하던 것이 없어지면 그것이 더 간절하게 생각남'을 일컫는 말이에요.

수제비 잘하는 사람이 국수도 잘한다

속담의 속뜻
어떤 일에 능숙한 사람은 그것과 비슷한 다른 일도 잘한다

낱말 뜻
수제비: 밀가루를 반죽하여 끓는 물에 얇게 떼어 넣은 음식

관련 속담
떡은 치고 국수는 만다

떡은 곡식을 익혀 떡메로 쳐 만들어요. 국수는 곡식 가루를 반죽해 가늘게 뽑아 만들어요. 국수는 떡메로 치지 않고, 떡은 가늘게 뽑지 않아요. 원하는 모양이 안 되기 때문이에요. 그러므로 이 속담은 '모든 일이 이치와 경우에 맞게 해야 함'을 일컫는 말이에요.

　국숫집에 가면 칼국수도 있고 수제비도 있어요. 수제비는 국수를 즐기는 사람들이 좋아하는 음식이기도 하거니와 그것을 조리하는 방법이 칼국수와 비슷해요. 이것은 마치 배추김치를 잘 담그는 사람이 총각김치나 깍두기도 잘 담그는 것과 같아요. 김치를 맛있게 담그는 기본 방법이 같기 때문이에요. 이런 이치에서 '수제비 잘하는 사람이 국수도 잘한다'라는 속담이 생겨났어요. 그런 이 속담은 '어떤 일에 능숙한 사람은 그것과 비슷한 다른 일도 잘함'을 일컫는 말이에요. 주위 사람들을 떠올려 보아요. 연주를 잘하는 사람이 노래도 잘하는 경우가 많아요. 그 사람은 음악에 대한 감성이 발달되어 있기 때문이에요. 또한, 축구를 잘하는 사람이 달리기도 잘하는 경우가 많아요. 잘 달리는 사람이 반드시 축구를 잘하는 것은 아니지만, 축구를 잘하려면 잘 달려야 하기 때문이에요. 그러므로 무슨 일이든 기본기가 중요해요. 둥치에서 나뭇가지가 자라고, 나뭇가지에서 꽃이 피고 열매가 열려요.

손톱은 슬플 때마다 돋고 발톱은 기쁠 때마다 돋는다

속담의 속뜻
손톱이 발톱보다 빨리 자라듯이,
세상살이는 기쁜 일보다 슬픈 일이 더 많다

관련 속담
가지 많은 나무에 바람 잘 날 없다

가지가 많아 잎이 무성한 나무는 잔바람에도 흔들려요. 이 현상에 빗대 이 속담이 생겨났어요. '나뭇가지'를 '자식'에 비유한 거예요. 그래서 이 속담은 '자식을 많이 둔 어버이에게는 자식들 걱정에 근심이 끊일 날이 없음'을 일컫는 말이에요. 형편이 어려울수록, 자식의 건강이 안 좋을수록 부모님의 걱정과 근심은 더할 거예요.

독자분은 손톱을 얼마 만에 깎나요? 발톱은 얼마 만에 깎나요? 아마 손톱을 두세 번 깎을 때 발톱은 한 번 깎을 거예요. 손톱보다 발톱이 두세 배 늦게 자라니까요. 독자분은 슬플 때가 더 많나요? 기쁠 때가 더 많나요? 이 점은 사람마다 다를 거예요. 하지만 사람의 감정을 '슬픔, 기쁨, 분노, 공포, 시샘, 불안' 등으로 구별하면 기쁨보다는 슬픔에 가까운 감정이 더 많아요. 기쁨은 만족감과 관련 있지만, 슬픔, 분노, 공포, 시샘, 불안은 만족하지 못한 마음과 관련 있기 때문이에요. 이런 불만족한 감정들은 슬픔을 동반해요. 그래서 우리에게는 기쁨보다는 슬픔이 더 자주 생기기 마련이에요. '손톱은 슬플 때마다 돋고 발톱은 기쁠 때마다 돋는다'라는 속담이 생겨난 까닭도 같아요. 기쁜 일보다 슬픈 일이 더 자주 일어나니, 이 속담은 발톱보다 빨리 자라는 손톱을 슬픔에 비유하고, 손톱보다 늦게 자라는 발톱을 기쁨에 비유한 거예요. 옳은 속담은 생활에서 터득한 지혜를 담고 있어요.

들은 귀는 천 년이요 한 입은 사흘이라

속담의 속뜻

누군가에게 모진 말을 들은 사람은
오랫동안 마음에 상처를 받지만,
그 말을 한 사람은 쉽게 잊어버린다

관련 속담

웃느라 한 말에 초상난다

'무심코 연못에 던진 돌멩이에 개구리가 맞는다.'라는 말이 있듯이, 말도 함부로 내뱉으면 안 돼요. 이 속담은 바로 그 점을 강조한 말이에요. 즉, 이 속담은 '장난삼아 농담으로 한 말이 듣는 사람에게 마음에 큰 충격을 주어 죽음까지도 생각하게 할 수 있음'을 알아야 한다는 말이에요.

　어떤 말은 몇 년 전에 들었어도 마음속에 남아요. '내 마음'을 아프게 한 말일수록 그래요. 그 말에 상처 받은 '내 마음'이 아물지 않았기 때문이에요. 그런데도, 정작 그 말을 한 사람은 당시의 상황을 잘 기억하지 못하는 경우가 많아요. 심지어 어떤 사람은 자신이 한 말에 상대방이 마음에 상처를 받았다는 사실조차 모르는 경우도 있어요. 말로써 상대의 마음을 아프게 한 사람은 금세 잊어버리고, 그 말에 상처 받은 사람은 오래 기억하기 때문이에요. 그래서 생겨난 속담이 '**들은 귀는 천 년이요 한 말은 사흘이라**'예요. 들은 말이 얼마나 마음 아팠기에 천 년 동안이나 잊히지 않을까요. 반면에, 모질게 한 말이어도 말한 사람은 사흘이면 잊히기 마련이에요. 그러므로 절대로 모진 말을 하면 안 되어요. 모진 말은 예리한 칼날 같아서 그 말을 들은 상대의 마음에 깊은 상처를 주어요. 칼날에 베인 손가락의 상처는 며칠 지나면 아물지만, 마음에 난 상처는 몇 년이 지나도 아물지 않아요.

안 본 용은 그려도 본 뱀은 못 그린다

속담의 속뜻
1. 사실을 실제 그대로 파악하기는 어렵다
2. 어떤 일에 대해 말하기는 쉬우나 직접 실행하기는 어렵다

관련 속담
보기 좋은 떡이 먹기도 좋다

볶음밥을 만들어서 냄비째 놓고 먹을 때와 예쁜 접시에 모양을 갖추어 놓고 먹을 때를 생각해 보아요. 어느 쪽이 더 맛있어 보일까요? 떡도 마찬가지예요. 재료가 같더라도 예쁜 모양의 떡이 더 맛있어 보이기 마련이에요. 그래서 이 속담은 '겉모양새를 잘 꾸미는 것도 필요함'을 일컫는 말이에요.

　용(龍)은 상상의 동물이에요. 용은 낙타의 얼굴, 사슴의 뿔, 뱀의 몸통, 잉어의 비늘, 호랑이의 발, 매의 발톱을 조합한 모양이에요. 그래서 용은 누구나 자신이 상상한 대로 그릴 수 있어요. 반면에, 뱀은 실재하는 동물이에요. 뱀 중에는 구렁이도 있고, 독사도 있고, 꽃뱀도 있어요. 구렁이와 독사와 꽃뱀은 모습과 색깔에 차이가 있어요. 서로 다른 특징이 있기 때문이에요. 그래서 뱀을 그릴 때는 뱀의 종류와 특징을 잘 나타내지 않으면 잘못 그린 그림이 되어요. 그러므로 뱀의 그림을 그리는 일이 용의 그림을 그리는 일보다 더 어려워요. 이런 사실에 비유하여 '안 본 용은 그려도 본 뱀은 못 그린다'라는 속담이 생겨났어요. 이 속담은 '사실을 실제 그대로 파악하기는 어렵다.' 또는 '어떤 일에 대해 말하기는 쉬우나 직접 실행하기는 어렵다.'라는 뜻으로 쓰여요. 예컨대, 아빠가 일터에서 어떤 일을 하는지를 알기는 어려워요. 또, 아침마다 아빠의 구두를 닦아 드리는 일도 쉽지 않아요.

꿀은 달아도 벌은 쏜다

속담의 속뜻
1. 좋은 것을 얻으려면 어려움이 따른다
2. 공연히 어설프게 건드리다가는 봉변 당한다

관련 속담
달면 삼키고 쓰면 뱉는다

갓난아기도 단맛 나는 음식은 웃으며 먹고, 쓴맛 나는 음식을 주면 얼굴을 찡그려요. 아기뿐만 아니라 많은 사람이 자신에게 이로운 것은 좋아하고 자신에게 불리한 것은 싫어해요. 이런 이치에서 이 속담이 생겨났어요. 이 속담은 '옳고 그름의 판단보다는 자기의 이익을 꾀함'을 지적하는 말이에요.

　꿀벌을 기르는 양봉장에 가 본 적이 있나요? 그곳에서 꿀을 채취하려면 벌통을 열어야 해요. 그런데 벌통 주변에는 늘 꿀벌들이 날아다녀요. 그래서 꿀을 채취하는 사람은 반드시 안전한 장갑을 끼고 모기장 같은 안전 모자를 써요. 그런데도 꿀벌들은 조금이라도 살갗이 드러나면 벌침을 쏘아요. 그래서 양봉하는 사람들은 자주 벌에 쏘여요. 꿀을 채취하려면 어쩔 수 없이 감당해야 하는 대가예요. 이런 상황에서 '꿀은 달아도 벌은 쏜다'라는 속담이 생겨났어요. 그러므로, 이 속담은 '좋은 것을 얻으려면 어려움이 따름'을 뜻해요. 또한 '공연히 어설프게 건드리다가는 봉변을 당함'을 뜻하기도 해요. 꿀은 꿀벌들이 열심히 모았는데, 꿀벌들의 먹이인 꿀을 사람이 빼앗어 가니, 꿀벌들로서는 사람을 공격할 수밖에 없을 거예요. 그래서 꿀을 채취할 때는 반드시 설탕을 놓아 주어요. 그나마 설탕이 있으니 꿀벌들은 생존할 수 있어요. 그래도 꿀벌들은 야속하지 않을까요?

냇물은 보이지도 않는데 신발부터 벗는다

속담의 속뜻
하는 짓이 지나치게 성급하다

관련 속담
급하면 바늘허리에 실 매어 쓸까

바느질을 하려면 먼저 바늘귀에 실을 꿰어야 해요. 그래야 실이 바늘을 따라가며 옷감을 꿰맬 수 있어요. 급하다고 바늘허리에 실을 묶어서는 바느질을 할 수 없어요. 그런 이 속담은 '순서'를 강조해요. '일에는 일정한 순서와 적절한 때가 있으니 아무리 급하더라도 순서를 지켜서 일해야 함'을 바느질에 비유하는 속담이에요.

　숲길을 걷다 보면 언덕도 만나고 개울도 만나요. 그래서 도보 여행자는 적절한 신발을 갖추어야 해요. 물론 마음의 준비도 해야 해요. 그렇다고 겁먹을 필요는 없어요. 하늘에 먹구름이 가득하다고 미리 비옷을 꺼내 입을 필요도 없어요. 아직 날이 저물지 않았는데 미리 랜턴을 켤 필요도 없어요. 마찬가지로, 아직 냇물을 만나지 않았는데 미리 신발을 벗고 바지를 접어 올릴 필요도 없어요. 이런 까닭에서 '냇물은 보이지도 않는데 신발부터 벗는다'라는 속담이 생겨났어요. 그래서 이 속담은 '하는 짓이 지나치게 성급함'을 지적하는 말이에요. 예전에 중국의 한 여객기에서 이런 일이 있었대요. 여객기에서 '곧 착륙한다.'라는 안내 방송이 나왔대요. 그러자 수십 명의 승객이 일제히 자리에서 일어나서는 좌석 위쪽에 넣어 둔 자기 가방들을 꺼내더래요. 여객기가 착륙하려면 안전띠를 매야 하는데도 말이에요. 그래서 이 속담을 '착륙도 하기 전에 가방부터 끼낸다.'라고 바꿀 수 있겠어요.

김 안 나는 숭늉이 더 뜨겁다

속담의 속뜻
공연히 떠벌리는 사람보다 침묵하는 사람이 더 야무지다

낱말 뜻
김: 수증기가 찬 공기를 만나 생긴 아주 작은 물방울의 집합체
숭늉: 밥을 지은 솥에서 밥을 푼 뒤에 물을 붓고 데운 물

관련 속담
빈 수레가 더 요란하다

짐이 가득한 수레보다 빈 수레가 움직일 때 달그락거리는 소리가 커요. 짐을 싣지 않은 빈 수레는 수레의 이음새들이 헐렁하기 때문이에요. 이런 현상에서 생겨난 이 속담은 '실속 없는 사람이 겉으로 더 떠들어 댄다.'라는 뜻으로 사용되어요.

　뜨거운 국물이나 코코아를 마시다가 입천장이나 혀를 데어 본 적이 있을 거예요. 그렇게나 뜨거운 줄 모르고 마셨기 때문이에요. 끓은 물은 잠시 후에는 김은 나지 않지만 여전히 뜨거워요. 그래서 이런 화상을 입고 나면 한동안은 뜨거운 물을 마실 때면 조심하기 마련이에요. 오늘날 우리는 밥솥에 밥알이 여러 개 남아 있어도 알뜰히 먹지는 않아서 숭늉을 데워 마시지는 않지만, 옛날에는 밥알 하나도 버리지 않으려고 집집마다 숭늉을 데워 먹었어요. 물론 숭늉이 구수하기 때문이기도 하고요. 그런 옛날에도 뜨거운지 모르고 마신 숭늉에 입을 데는 일은 종종 일어났어요. 그래서 '김 안 나는 숭늉이 더 뜨겁다' 라는 속담이 생겨났어요. 뜨거운 숭늉에 사람의 됨됨이를 비유한 이 속담은 '공연히 떠벌리는 사람보다 가만히 침묵하는 사람이 더 야무지다.'라는 교훈을 담고 있어요. 이 속담을 '빈 수레가 요란하다'라는 속담에 빗대면, '무거운 수레가 더 조용하다'라고 바꾸어 말할 수 있겠어요.

버들가지가 바람에 꺾일까

속담의 속뜻
1. 약해 보이는 사람이 오히려 굳세게 잘한다
2. 유연한 것이 뻣뻣한 것보다 강하다

낱말 뜻
버들가지: 버드나무의 나뭇가지

관련 속담
바람 따라 돛을 올린다

돛배는 바람의 방향을 잘 맞추어야 해요. 이 이치에 빗댄 이 속담은 '때를 잘 맞추어서 일을 벌여야 성과를 거둔다.'라는 뜻으로도 쓰이고, '자기 신념 없이 기회를 엿보다가 조건이 좋은 쪽을 따라가는 태도'를 비꼬는 말로도 쓰여요.

　태풍에 수백 년 된 나무의 큰 가지가 부러졌다는 뉴스는 해마다 나와요. 그런 나무는 대개는 소나무나 참나무처럼 나뭇가지가 비교적 단단하고 뻣뻣한 경우예요. 반면에, 갈대나 억새 같은 풀은 바람 불면 잘 흔들려도 부러지지는 않아요. 그 줄기가 잘 휘어지기 때문이에요. 나무 중에서도 버드나무는 가지가 잘 휘어져요. 그 버들가지는 우리 민요에도 나타나 있듯이 '축 늘어져' 있어요. 그래서 버들가지는 태풍에도 절대 꺾이지 않아요. 이런 현상에서 '버들가지가 바람에 꺾일까'라는 속담이 생겨났어요. 이 속담은 두 가지 뜻으로 쓰여요. '약해 보이는 사람이 오히려 굳세게 잘한다.' 또는 '유연한 것이 뻣뻣한 것보다 강하다.'라는 뜻이 그것이에요. 예컨대, 근육이 많은 사람보다 깡마른 사람이 장거리 달리기 경주는 더 잘해요. 가늘고 질긴 끈이 마찰을 일으켜 바위를 토막 내요. 수증기의 압력이 무거운 증기 기관차의 바퀴를 굴려요. 강풍이 못 벗긴 나그네의 겉옷을 햇볕이 벗겨요.

굽은 나무가 선산을 지킨다

속담의 속뜻
쓸모없어 보이는 것이 오히려 제구실을 한다

낱말 뜻
선산: 조상의 무덤들이 있는 산

관련 속담
나무도 쓸 만한 것이 먼저 베인다

굵고 곧게 자란 나무는 목재로 사용되어요. 능력 있는 사람도 마찬가지예요. 그래서 생겨난 이 속담은 '능력 있는 사람이 먼저 뽑혀 쓰인다.'라는 뜻으로 사용되어요. 또는, '능력 있는 사람이 일찍 죽었을 때'도 그 안타까운 마음을 이 속담으로 표현해요.

'선산'은 한집안 사람들이 대대로 소유하고 관리한 산이자, 조상들의 무덤이 자리 잡은 산이에요. 그래서 선산은 대개는 한집안 사람들의 공동 재산이에요. 그런데 어느 세대의 자손들이 생활 형편이 어려워지면, 자신들 선산의 나무들을 베어서는 목재로 팔아 버리기도 해요. 그때 곧게 자란 나무여야 좋은 목재로 팔 수 있어서 그런 나무들만 골라서 베어요. 그런 까닭에, 굽은 나무들은 선산에 남아 있게 되어요. 이런 상황에 빗대어 '굽은 나무가 선산을 지킨다'라는 속담이 생겨났어요. 즉, 이 속담은 '굽은 나무가 베어지지 않듯이, 쓸모없어 보이는 것이 오히려 제구실을 하게 됨'을 뜻하는 말로 쓰여요. 예컨대 우리 사회를 둘러보면, 부유하고 잘난 자식보다도 가난하지만 착실한 자식이 오히려 부모에게 효도하는 경우를 찾기는 어렵지 않아요. 실제로 이 속담은 이런 경우에 많이 쓰이는 표현이에요. 잘난 사람은 더 높은 지위를 바라보고, 조금 못난 사람은 자기 주위를 살펴보나 봐요.

산이 높아야 골이 깊다

속담의 속뜻
마음에 품은 뜻이 높고 커야 마음가짐과 생각도 크고 깊다

낱말 뜻
골: 산과 산 사이에 움푹 패어 들어간 곳. '골짜기'와 같은 말

관련 속담
산은 오를수록 높고 물은 건널수록 깊다

산을 오르면 지쳐서 정상이 더 멀게 느껴져요. 개울물은 한가운데가 가장 깊은 법이어서 개울을 건너려고 발을 디딜수록 물이 깊게 느껴져요. 이 이치에 따라 이 속담은 '갈수록 더 어려운 상황에 처하게 되는 경우'를 일컫는 말이에요.

　산은 평지보다 높이 솟아 있는 땅이에요. 산 중에는 야트막한 동산도 있고, 설악산 같은 태산도 있어요. 그뿐만 아니라 우리나라 여행자들이 즐겨 찾는 소백산, 지리산의 입구에서 산을 올려다보면 그 산들이 보통 산들보다 훨씬 크고 높은 것을 확인할 수 있어요. 그런데 높은 산일수록 골짜기도 깊기 마련이에요. 골짜기는 산과 산 사이에 움푹 파인 곳이니까요. 이런 대비에서 '산이 높아야 골이 깊다'라는 속담이 생겨났어요. 이 속담은 산과 골을 사람의 마음가짐에 비유한 뜻으로 쓰여요. 즉, 이 속담은 '마음에 품은 뜻이 높고 커야 마음가짐과 생각도 크고 깊음'을 일컫는 말이에요. 예컨대, 운동선수가 국가 대표를 꿈꾸고, 나아가 올림픽에서 금메달을 목에 걸겠다는 간절한 꿈을 마음에 품을 때, 더 훌륭하게 경기를 준비할 수 있어요. 실제로 그 꿈을 이룬 선수들은 하나같이 남들보다 더 많이, 더 열심히 훈련했어요. 큰 뜻을 마음에 품어야 그 뜻을 몸과 정신이 따라갈 수 있어요.

가는 날이 장날이다

속담의 속뜻
어떤 일을 하려는데 공교롭게도 뜻하지 않은 일을 맞이한다

낱말 뜻
장날: 하루만 펼쳐지는 전통 시장인 '장'이 펼쳐지는 날
보통은 닷새 간격으로 장이 열린다

관련 속담
재주는 장에 가도 못 산다

어떤 일에 재주가 있는 사람은 그 일을 열심히 배우고 익힌 사람이에요. '재주'는 시간과 노력의 결과이지, 사거나 팔 수 있는 것이 아니에요. 그래서 이 속담은 '재주는 돈으로 살 수 있는 것이 아니라 스스로 배우고 익혀서 능숙하게 해야 함'을 일컫는 말이에요.

　오늘날은 전통 시장을 이용하는 사람들이 줄어들었어요. 곳곳에 마트나 편의점이 있기 때문이에요. 하지만 옛날에는 지역마다 사람들이 많이 모이는 공터에 주로 닷새 간격으로 장(시장)이 섰어요. 그래서 오일장(五日場)이라는 말이 생겼어요. 예컨대, 그중 삼팔장은 날짜의 끝이 3이거나 8인 날에 장이 서요. 오늘날에도 오일장이 서는 지역이 있어요. 그곳은 대개는 인구가 적은 지역에요. 여전히 닷새에 한 번 장이 서서 장날에는 주민들이 장터를 찾아요. 그런데 누군가는 장날인지도 모르고 장터에 나오기도 할 거예요. 그래서 '가는 날이 장날이다'라는 속담이 생겨났어요. 누구나 뜻하지 않게 겪는 일들이 생기곤 하니까요. 이를테면, 어릴 때 다니던 유치원을 오랜만에 지나가는데 유치원 시절 친하게 지냈던 친구를 그 앞에서 마주칠 수도 있어요. 또, 어떤 상점을 일부러 찾아갔는데 하필 그날이 그곳의 정기 휴일일 때도 있어요. 그럴 때 말하는 속담이 '가는 날이 장날이다'예요.

손 안 대고 코 풀기

속담의 속뜻
어떤 일을 힘 안 들이고 아주 쉽게 해치움

관련 속담
손이 많으면 일도 쉽다

집 청소를 할 때도 가족이 함께 하면 빠르게 마칠 수 있고 힘도 덜 들어요. 일손이 많아서일뿐더러 가족이 한마음이 되어 흐뭇하기 때문이에요. 그런 까닭에서 생긴 이 속담은 '무슨 일이든 여러 사람이 함께 힘을 합하면 쉽게 잘 이룰 수 있음'을 일컫는 말이에요. 많은 사람이 힘을 합하면 피라미드도 쌓아 올릴 수 있어요.

　콧물을 제거하려면 코에 손을 대야 해요. 흡입 도구를 이용할 때도 손을 써야 해요. 그러지 않으면 콧물이 흐르거나 콧속에서 말라서 코딱지가 되어 버려요. 그래서 사람들은 화장지나 손수건으로 코를 감싸고 코를 풀어요. 숨 쉬기를 방해하는 콧물을 그렇게 손을 써서 해결해요. 그런데도 '손 안 대고 코 풀기'라는 속담이 생겨났어요. 왜 이런 속담이 생겨났을까요? 대개의 일은 힘을 들여야만 해 낼 수 있어요. 농사일도 그렇고, 집안 살림도 그렇고, 공부도 그래요. 그런데 예컨대, 농부가 메마른 밭에 물을 뿌리려고 했는데, 마침 장대비가 쏟아지기도 해요. 엄마가 이튿날 돼지고기를 사러 가려고 마음먹었는데, 아빠가 퇴근길에 돼지고기를 사 오시기도 해요. 시험 전날 풀어 본 수학 문제가 이튿날 똑같은 시험 문제로 나와요. 이 속담은 그럴 때 어울리는 말이에요. 이 속담에 담긴 뜻이 '어떤 일을 힘 안 들이고 아주 쉽게 해치움'이니까요. 하지만, 그런 일은 흔하지 않아요.

구름이 자꾸 끼면 비가 온다

속담의 속뜻
일정한 징조가 있으면 그에 따르는 결과가 생기기 마련이다

관련 속담
비 온 뒤에 땅이 굳어진다

맨땅에 비가 내리면 땅이 질척질척해져요. 그러다가 햇볕이 나면 젖었던 흙이 말라요. 그렇게 며칠 지나면 땅이 단단해져요. 이런 자연 현상에 빗대어 생겨난 이 속담은 '어떤 시련을 겪은 뒤에는 더 강해짐'을 땅의 성질에 비유하고 있어요. 실제로 비가 거의 내리지 않는 땅은 사막이 되어요. 사막의 흙은 자꾸 부스러져요.

　　비가 내리려면 먼저 비구름이 몰려와 하늘을 가려요. 비구름이 몰려오는 것은 비가 내릴 징조예요.('징조'의 뜻은 '어떤 일이 생길 기미'예요). 이런 자연 현상에 빗대어 '구름이 자꾸 끼면 비가 온다'라는 속담이 생겼어요. 모든 결과에는 그럴 만한 원인이 있고, 결과가 나타나기 전에는 징조가 나타나기 마련이에요. 그래서 이 속담에 담긴 뜻은 '일정한 징조가 있으면 그에 따르는 결과가 생기기 마련이다.'예요. 이 속담을 말할 일은 우리 생활에 흔해요. 예컨대, 아랫배가 사르르 아프면 화장실에 가게 되어요. 음식을 너무 급하게 먹으면 잠시 후 딸꾹질을 하게 되어요. 의자 위에 올라서서 장난하면 헛딛거나 넘어져서 다치게 되어요. 아침에 늦잠 자는 습관이 생기면 학교에 자주 지각해요. 이처럼, 어떤 결과가 생기기 전에 그럴 만한 징조가 나타나요. 그래서 현명한 사람은 어떤 징조를 느끼거나 발견하면 앞으로 벌어질 일의 결과를 알아차릴 수 있어요. 관찰은 앞일을 미리 보여 주어요.

기름을 엎지르고 깨를 줍는다

속담의 속뜻
큰 이익을 버리고 보잘것없는 작은 이익을 좇는다

관련 속담
참깨가 기니 짧으니 한다

참깨는 크기가 너무 작아서 그 길이를 말할 만하지 않아요. 그래서 참깨를 '길다, 짧다'라고 평가하는 일은 의미 없어요. 이 점에 빗댄 이 속담은 두 가지로 쓰여요. '그만그만한 것들 가운데에서 굳이 크고 작음이나 잘잘못을 가리려고 할 때'와 '자질구레한 말을 늘어놓기를 좋아하는 사람을 비꼴 때'예요.

참기름과 들기름은 옛날부터 먹어 온 고소한 양념이에요. 참기름은 참깨를, 들기름은 들깨를 압축해 짜 낸 기름이에요. 그 기름 한 병 분량을 만들려면 그것의 열 배 분량의 깨가 필요해요. 그래서 기름을 짜 내려면 많은 양의 깨가 필요하고, 그런 만큼 기름은 아껴서 먹어요. 그런 기름을 자칫 잘못하여 엎지르기라도 하면 꽤 속상할 거예요. 그래서 생겨난 속담이 '기름을 엎지르고 깨를 줍는다.'예요. 깨는 주워 담으면 되지만, 기름은 액체여서 그럴 수 없어요. 또한, 기름에 비하면 깨는 값싸고 덜 귀하지만, 기름은 비싸고 귀해요. 이 속담은 귀한 것을 잃어버리고, 덜 귀한 것을 챙기는 상황을 말하고 있어요. 그래서 이 속담에는 '큰 이익을 버리고 보잘것없는 작은 이익을 좇는다.'라는 뜻이 담겨 있어요. '작은 것을 탐하다가 큰 것을 잃음'을 뜻하는 소탐대실(小貪大失)이라는 사자성어를 떠올리게 하는 속담이에요. 단것이 맛있다고 단것을 자주 많이 먹으면 당뇨병이 생겨요.

눈 와야 솔이 푸른 줄 안다

속담의 속뜻
어려운 상황이 되어야 그것을 극복하는 모습을 보고
사람의 진짜 됨됨이를 알 수 있게 된다

낱말 뜻
솔: 소나무, 잣나무, 전나무 등의 나무를 통틀어 이르는 말

관련 속담
겨울이 다 되어야 솔이 푸른 줄 안다

겨울이 되면 나무들이 가지만 남아 앙상해요. 반면에, 소나무를 비롯한 솔은 겨울에도 푸른 잎을 간직해요. 이처럼, 이 속담은 '어려운 고비를 겪어 보아야 비로소 사람의 진짜 됨됨이를 알 수 있음'을 늘 푸른 솔에 비유한 말이므로 위 속담의 속뜻과 비슷해요.

    한겨울 숲에 함박눈이 내리면 나뭇가지마다 눈송이들이 눈꽃을 피워요. 눈송이들이 나뭇가지에 내려앉아 하얀 꽃처럼 보이는 거예요. 그런데 그때 사계절 내내 푸른 솔들은 눈송이들로 외투를 입고 모자를 쓰고 있는 것 같아요. 그래서 온통 흰색으로 뒤덮인 세상에 짙은 녹색이 눈에 띄어요. 평소에는 그저 그런 솔의 녹색이 함박눈에 대비되어 사람들의 시선을 사로잡아요. 이런 자연 현상을 보고 '눈 와야 솔이 푸른 줄 안다'라는 속담이 만들어졌어요. 평소에는 눈여겨보지 않다가 눈이 내린 다음에야 솔이 푸르다는 것을 새삼스레 느낀다는 말이에요. 그래서 이 속담은 '어려운 상황이 되어야 그것을 극복하는 모습을 보고 사람의 진짜 됨됨이를 알 수 있게 된다.'라는 뜻을 담고 있어요. 예컨대, 베토벤이 청력을 잃고도 좌절하지 않고 여전히 훌륭한 음악을 작곡한 것이나, 교통사고로 팔을 잃은 화가가 발가락에 붓을 쥐고 그림을 그려 내는 것에 대하여 말할 때 이 속담을 쓸 수 있어요.

소도 언덕이 있어야 비빈다

속담의 속뜻
누구든 의지할 곳이 있어야
무슨 일이든 시작하거나 이룰 수가 있다

관련 속담
늙은 소 흥정하듯

늙은 소는 좋은 가격을 받지 못해요. 그런데도 늙은 소를 팔려는 사람은 소 값을 받으려고 하고, 반대로 소를 사려는 사람은 그 값을 덜 주려고 흥정해요. 그러니 그 흥정은 오래 길릴 수밖에 없어요. 이런 경우에서 생겨난 이 속담은 '일을 빨리 끝내지 못하고 질질 끄는 상황'을 늙은 소를 사고파는 일에 비유하는 말이에요.

　개와 고양이는 물론이고, 모든 네발 동물은 스스로는 자기 등허리를 긁지 못해요. 발이 등까지 닿지 않기 때문이에요. 그래서 모든 가축은 사람이 제 등을 긁어 주면 좋아해요. 농사일에 큰 도움을 주었던 소도 마찬가지예요. 옛날에는 소를 밭에 데려가 일도 시키고, 쉬게도 했어요. 그럴 때 등이 가려운 소는 근처의 언덕으로 걸어가 자신의 등을 언덕에 대고 비비곤 했어요. 그 모습을 본 누군가가 '소도 언덕이 있어야 비빈다'라는 속담을 지어 냈을 거예요. 그런 이 속담은 '누구든 의지할 곳이 있어야 무슨 일이든 시작하거나 이룰 수가 있음'을 소의 행위에 비유한 말이에요. 예컨대, 자전거 타기를 배우려면 처음에는 뒤쪽에서 자전거를 붙잡아 주는 사람이 있어야 해요. 또, 동화책을 읽으려면 그 책을 도서관 등에서 빌리거나 서점에서 구매해야 해요. 이처럼, 누구든 혼자만의 힘으로는 하고 싶은 생활을 해결할 수는 없어요. 그래서 모든 사회 구성원은 서로서로 도움을 주고받아요.

선무당이 장구만 탓한다

속담의 속뜻
자기 기술이나 능력이 부족한 것은 생각하지 않고
도구나 조건이 나쁘다고 탓한다

낱말 뜻
선무당: 서툴러서 굿(무속 행위)을 제대로 하지 못하는 무당

관련 속담
선무당이 마당 기울다 한다

무당이 굿을 할 때는 부채를 들고 제자리에서 펄쩍펄쩍 뛰어요. 그런 무당이 발을 헛디뎌 넘어졌을 때를 상상해 보아요. 그 무당이 자신을 반성하지 않고 마당이 기울어져서 넘어졌다며 마당을 탓한다면 한심할 거예요. 그래서 이 속담은 위 속담의 속뜻과 같아요.

　'무당'은 굿(무속 행위)을 하는 직업인이에요. 그중에서 서투르고 미숙하여 굿을 제대로 하지 못하는 무당을 '선무당'이라고 해요. 그래서 선무당은 어설픈 직업인이에요. 그런 선무당이 많은 음식을 차려 놓고 굿을 하는 장면을 머릿속에 떠올려 보아요. 서툰 선무당이 떠들썩하게 노래하고, 춤추고, 장구를 치며 굿을 하는데, 장구마저 박자를 못 맞추지 못해요. 그런 그가 장구 소리가 나쁘다며 장구를 탓하는 장면을 상상해 보아요. 이렇듯, '선무당이 장구만 탓한다'라는 속담이 생겨난 것을 보면, 옛날에 그런 선무당이 종종 있었나 봐요. 그래서 이 속담은 '자기 기술이나 능력이 부족한 것은 생각하지 않고 도구나 조건이 나쁘다고 탓함'을 일컫는 말이 되었어요. 예컨대, 어떤 학생은 자신이 그림을 못 그린 이유를 붓과 물감이 나쁘기 때문이라고 말해요. 또 어떤 학생은 자신이 공부가 안 되는 까닭을 거실의 텔레비전 소리 때문이라고 말해요. 그런 경우에 어울리는 속담이에요.

머슴살이 삼 년에 주인 성 묻는다

속담의 속뜻
친숙한 사이인데도 당연히 알고 있어야 할 것을 모른다

낱말 뜻
머슴살이: 남의 머슴 노릇을 하는 일

관련 속담
한집에 있어도 시어미 성 모른다

이 속담에는 주어가 생략돼 있어요. 그것은 '며느리가'예요. '시어미'는 '시어머니'의 낮춤말이에요. 이 속담을 풀어 쓰면 '한집에 살고 있는 며느리가 시어머니의 성씨를 모른다.'예요. 함께 생활하는 사람의 성씨를 모른다니, 이 속담의 속뜻도 위 속담과 같아요.

옛날에 머슴은 주인집의 허드렛일을 했어요. 그래서 머슴은 집주인의 성격과 습관에 대하여 잘 알고 있었어요. 머슴은 집주인 곁에서 집주인을 위해 일했으니까요. 그런데도 왜 '머슴살이 삼 년에 주인 성 묻는다'라는 속담이 생겨났을까요? 머슴은 집주인 가족을 '대감님, 마님, 도련님, 아씨'라고 불렀어요. 그래서 어떤 머슴은 주인 가족의 이름은 물론이고 성씨조차 몰랐기 때문이에요. 그러므로, 이 속담은 '친숙한 사이인데도 당연히 알고 있어야 할 것을 모르고 있음'을 일컫는 말이에요. 오늘날의 우리도 친하게 지내면서도 정작 상대방의 성씨나 이름을 모르고 지내는 경우가 있어요. 예컨대, 공사 현장에서는 흔히 '김씨' '이씨' '박씨' 등으로 호칭하곤 해요. 그런가 하면, 초등학생인데도 자신의 할아버지와 할머니의 성함을 잘 모르는 어린이도 적지 않아요. '할아버지!', '할머니!'라고만 부른 까닭이에요. 가까운 관계일수록 당연히 알아야 할 것은 꼭 알아 두어야 해요.

산엘 가야 꿩을 잡고 바다엘 가야 고기를 잡는다

속담의 속뜻
1. 목적하는 방향을 잘 잡아 노력해야 그 목적을 제대로 이룰 수 있다
2. 무슨 일이든 말로만 할 게 아니라 실제로 힘껏 노력해야 이루어진다

관련 속담
솔개도 오래면 꿩을 잡는다

육식 동물인 솔개는 몸집이 작은 참새부터 몸집이 큰 꿩도 잡아먹어요. 그런데 꿩은 몸집이 커서 능숙한 솔개만 잡을 수 있어요. 솔개일지라도 큰 새 사냥은 곧잘 실패하니까요. 이 현상을 보고 생겨난 이 속담은 '어떤 분야의 일을 오랫동안 경험하다 보면 저절로 그 일을 습득하여 잘하게 됨'을 일컫는 말로 쓰여요.

　꿩은 산에 살고, 바닷물고기는 바다에 살아요. 그래서 '산엘 가야 꿩을 잡고 바다엘 가야 고기를 잡는다'라는 속담은 당연한 말이에요. 그런데도 왜 이 속담이 생겨났고, 이 속담의 속뜻은 무엇일까요? 이 속담에서 비유한 '산/꿩', '바다/물고기'는 우리 생활의 여러 경우와 관련 있어요. 예컨대, 책의 내용을 잘 읽으려면 우선 글 속의 낱말들의 뜻을 알아야 해요. 독후감을 잘 쓰려면 우선 책을 꼼꼼히 읽고 자기 생각을 글로 잘 표현해야 해요. 그래서 '책 읽기 → 낱말 뜻 이해'는 '산 → 꿩'이 되어 맞는 관계이지만, '독후감 쓰기 → 책 안 읽기'는 '산 → 물고기'가 되어 틀린 관계예요. 그래서 이 속담은 '목적하는 방향을 잘 잡아 노력해야 그 목적을 제대로 이룰 수 있다.' 또는 '무슨 일이든 말로만 할 게 아니라 실제로 힘껏 노력해야 이루어진다.'라는 뜻을 담고 있어요. 자신의 생활을 되돌아보아요. 때때로 우리는 자기 희망과 목적을 이루기 위해 적절하게 노력하지 못할 때가 많아요.

옆집 처녀 믿고 장가 안 간다

속담의 속뜻
상대방의 마음은 알지도 못하면서
제 나름대로 생각하여 행동한다

관련 속담
믿는 도끼에 발등 찍힌다

도끼질에 익숙한 사람은 큰 힘을 들이지 않고도 도끼를 잘 다루어요. 그런 사람이 실수하여 도끼로 자신의 발등을 찍는다면 아찔할 거예요. 그 상황에 빗댄 이 속담은 '잘되리라고 믿고 있던 일이 어긋나 버리거나, 믿고 있던 사람에게 배반당해 피해를 입음'을 일컫는 말이에요. 배반과 사기는 믿는 마음을 이용해요.

한 총각이 옆집 처녀를 짝사랑했어요. 총각은 옆집 처녀도 자신에게 마음이 있을 것 같다고 생각했어요. 하지만 옆집 처녀는 총각에게 전혀 마음이 없었어요. 여러 해가 지나 총각은 혼인할 나이를 넘겼어요. 그러던 어느 날, 옆집 처녀가 건넛마을 총각에게 시집갔어요. 나이 든 총각은 먼 하늘만 바라보았어요. 방금 지어 낸 이야기예요. '옆집 처녀 믿고 장가 안 간다'라는 속담은 이런 경우를 말하고 있어요. 이 속담은 '착각'과 '고집'을 지적하고 있어요. 즉, 이 속담은 '상대방의 마음은 알지도 못하면서 제 나름대로 생각하여 행동함'을 순진한 총각의 마음에 빗대어 일컬어요. 이처럼, 우리도 때때로 착각하고 고집할 때가 있어요. 예컨대, 집에서 한 아이가 저녁상 차림이 별로여서 끼니를 걸렀어요. 그 아이는 자신이 밥을 안 먹으면 부모님께서 치킨이나 피자를 배달 시켜 주실 거라고 믿은 거예요. 하지만 그 아이는 이튿날 아침까지 굶었어요. 아침밥은 맛있었어요.

드는 정은 몰라도 나는 정은 안다

속담의 속뜻
1. 정이 들 때는 드는 줄 모르게 들어도
정이 떨어질 때는 분명히 알 수 있다
2. 정이 들 때는 드는 줄 몰라도
막상 헤어지면 그동안 얼마나 다정했는지를 새삼 느끼게 된다

관련 속담
가는 정이 있어야 오는 정이 있다

이 속담은 '나'와 '상대방'의 관계에서 '우선 내가 상대방에게 정 있게 대해야 상대방도 내게 정 있게 대한다.'라는 뜻을 담고 있어요. '정'은 친근한 마음이에요. 친근한 마음은 말과 행동으로 표현되어요. 내가 상대방에게 다정하게 말하고 상냥하게 행동하면 상대방은 흐뭇해져서 자연스레 내게 친근하게 대하기 마련이에요.

　친한 친구가 어느 날 먼 데로 이사하면 쓸쓸해져요. 정든 친구와 어울릴 때는 몰랐는데, 헤어지고 나면 그리워져요. 그런가 하면, 친하게 지내던 친구와 어느 날 심하게 다투어 헤어지면 마음에 상처를 입어요. 그 친구와 어떻게 정들었는지는 잘 기억나지 않지만, 서로 불편한 관계가 되면 그날의 일이 마음속에서 안 잊혀요. 그래서 '드는 정은 몰라도 나는 정은 안다'라는 속담이 생겨났어요(이때, '든다'는 '바깥에서 안쪽으로 들어감'을 뜻하고, '난다'는 '안쪽에서 바깥으로 나감'을 뜻해요). 두 사람이 정들면 서로 어떻게 친해졌는지를 잘 기억하지 못하지만, 두 사람이 헤어질 때는 서로가 다정한 사이였음을 새삼 깨닫게 되어요. 또한, 두 사람이 정들 때는 언제 어떤 계기로 서로 사이가 좋아졌는지를 잘 기억하지 못하지만, 두 사람이 정이 날 때는 언제 어떤 일로 사이가 나빠졌는지를 분명하게 기억하기 마련이에요. 그래서 정(情)은 들 때보다 날 때 분명해지는 감정이에요.

귀 소문 말고 눈 소문 내라

속담의 속뜻
자신이 실제로 보고 확인한 것이 아니면
함부로 남에게 말하지 말라

관련 속담
소문난 잔치에 먹을 것 없다

'맛있는 식당'이라는 말을 듣고 찾아갔는데, 별로인 경우가 있어요. 값싸고 품질 좋다는 광고를 믿고 상품을 구입했는데 그렇지 않은 경우도 있어요. 이처럼 이 속담은 '떠들썩한 소문이나 큰 기대에 비하여 실속이 없거나 소문이 실제와 다른 경우'를 일컫는 말이에요. 세상에는 사실과 다른 정보도 많으니 잘 판단해야겠어요.

　오늘날에는 누리 소통망(SNS)을 통해 소문이 전달되기도 하지만, 보통은 사람들의 '입'과 '귀'를 통해 주변에 퍼져 나가요. 그런데, 소문 중에는 뜬소문이나 헛소문도 있어요. 뜬소문과 헛소문은 누군가가 잘못된 정보를 듣고 주변 사람에게 한 말이 또다시 다른 사람들에게 번진 말이에요. 그 소문을 퍼뜨린 사람들은 자신이 직접 목격하고 확인한 사실이 아닌 내용을 막연히 믿고는 자기 주변 사람들에게 전달했기에 무책임한 일을 벌인 거예요. 또, 어떤 소문이 사실이더라도 누군가에게 들은 말만을 믿고 그 소문을 전달하는 생활 태도는 바람직하지 않아요. 그래서 '귀 소문 말고 눈 소문 내라'라는 속담이 생겨났어요. 이 속담에 담긴 뜻은 '자신이 실제로 보고 확인한 것이 아니면 함부로 남에게 말하지 말라.'예요. 뜬소문과 헛소문은 소문의 중심에 있는 사람을 몹시 괴롭히거나 매우 곤란하게 만들어요. 그것은 당사자의 명예를 손상시킬뿐더러 되돌릴 수 없는 범죄 행위예요.

열 길 물속은 알아도 한 길 사람의 속은 모른다

속담의 속뜻
사람의 속마음을 알기란 무척 힘들다

낱말 뜻
길: 우리나라의 전통적인 '길이' 단위.
한 길은 약 2.4~3m임

관련 속담
물은 건너 보아야 알고 사람은 지내보아야 안다

물 밖에서는 개울물의 깊이를 알 수 없어요. 개울을 직접 건너야만 그 깊이를 알 수 있어요. 사람도 만난 지 얼마 안 되어서는 그의 됨됨이를 잘 알 수 없어요. 이렇듯 이 속담은 '사람은 겉만 보고는 알 수 없으며, 서로 오래 겪어 보아야 알 수 있음'을 일컫는 말이에요.

　때때로 스포츠 스타나 유명한 연예인이 나쁜 짓을 하여 뉴스에 보도되곤 해요. 평소에는 멋있고 착실해 보였는데, 그 사람이 누군가에게 큰 피해를 끼쳤다는 보도가 충격적일 때가 있어요. 그런 일이 꼭 먼 얘기만은 아니에요. 우리 주변에는 예전과는 다르게 변한 사람도 있어요. 갑자기 큰돈을 벌게 되거나 사회적으로 높은 직위에 오른 이후 인성이 몰라보게 바뀌어 버린 사람이 있어요. 그래서 '열 길 물속은 알아도 한 길 사람의 속은 모른다'라는 속담이 생겨났어요. 해녀들은 얕은 바다 밑바닥까지 잠수하여 전복이나 문어 등의 해산물을 채취하면서 물속을 잘 알게 되어요. 하지만, 그런 해녀가 그동안 믿었던 이웃에게 사기를 당하기도 해요. 이런 경우를 생각하면 이 속담의 의미를 수긍할 수 있겠어요. 그래서 이 속담은 '사람의 속마음을 알기란 힘듦'을 일컫는 말이에요. 사람을 무작정 의심하는 것도 문제이지만, 사람을 무작정 믿는 것도 나중에 문제가 생길 수 있어요.

미꾸라지 천 년에 용 된다

속담의 속뜻
무슨 일이든 오랫동안 힘써 노력하면
반드시 훌륭한 결과를 만들어 낸다

관련 속담
미꾸라지 한 마리가 온 웅덩이를 흐려 놓는다

미꾸라지는 손가락만 한 민물고기예요. 미꾸라지는 주로 개울, 연못, 논에 사는데, 그 움직임이 매우 빠르고 활동적이에요. 그래서 미꾸라지가 웅덩이에서 활발히 움직이면 웅덩이는 온통 흙탕물이 되어요. 이 현상에 빗댄 이 속담은 '한 사람의 좋지 않은 행동이 집단 전체나 주변 사람에게 나쁜 영향을 끼침'을 일컫는 말이에요.

　미꾸라지는 하찮아 보이는 물고기예요. 용(龍)은 상상의 동물인 만큼 신령하게 여겨요. 그래서 미꾸라지는 용이 될 수 없다고 여겨요. 오히려 용은 '이무기'에 가까워요. 전설의 동물인 이무기는 저주 받아서 용이 되지 못한 채 호수 같은 물속에서 사는, 나이 많은 구렁이예요. 그런데도 '미꾸라지 천 년에 용 된다'라는 속담이 생겨났어요. 천 년을 사는 동물이 없듯이, 미꾸라지도 천 년을 살 수 없어요. '천 년'은 '오랜 시간'의 비유예요. 그래서 이 속담은 미꾸라지도 오랜 세월이 지나면 용이 될 수 있다는 비유예요. 그 속뜻은 '무슨 일이든 오랫동안 힘써 노력하면 반드시 훌륭한 결과를 만들어 낸다.'예요. 운동이든, 기술이든, 공부이든 오랫동안 한 가지 일에 힘써 노력하면 훗날에는 반드시 훌륭한 성과를 이룰 수 있어요. 이때 중요한 것은 '오랫동안 힘써 노력함'이에요. 그래서 이 속담은 긴 시간을 들이지 않고, 최선의 노력을 하지 않으면 결코 '용'이 될 수 없다는 말이기도 해요.

사공이 많으면 배가 산으로 간다

속담의 속뜻
일을 책임지고 맡아 관리하는 사람 없이
여러 사람이 자기주장만 내세우면 일이 제대로 되기 어렵다

낱말 뜻
사공: 나룻배나 돛배를 부리는 일을 직업으로 하는 사람

관련 속담
먼저 배 탄 놈이 나중 내린다

나룻배를 타고 내릴 때는 먼저 배에 오른 손님들이 앞쪽에 자리하게 되고, 나중에 오른 손님들이 뒤쪽에 자리하게 되어요. 그래서 배에서 내릴 때는 나중에 배에 오른 손님들이 먼저 내리게 되어요. 그래서 이 속담은 '서두르는 사람이 오히려 뒤떨어짐'을 일컬어요.

　나룻배와 돛배에는 뱃사공이 있기 마련이에요. 사공이 노를 젓고 돛의 방향을 조종하여 배는 목적지로 향해요. 손님들은 사공을 믿고 배에 올라요. 그런데 만약에 사공이 여럿일 경우를 생각해 보아요. 사공마다 노를 젓는 방법, 돛의 방향 결정 따위의 판단이 서로 다를 수 있을 거예요. 그러다 보면, 사공들끼리 말다툼도 생길 거예요. 그래서 '사공이 많으면 배가 산으로 간다'라는 속담이 생겨났어요. 사공마다 서로 옳거니 그르니 하다 보면 배가 가야 할 목적지로 가지 못하고 엉뚱한 방향으로 가게 됨을 지적하는 이 속담은 '일을 책임지고 맡아 관리하는 사람 없이 여러 사람이 자기주장만 내세우면 일이 제대로 되기 어렵다.'라는 뜻을 담고 있어요. 예컨대, 체험 학습 현장에서 인솔자가 없을 경우에는 학생들끼리 우왕좌왕할 수 있어요. 어디로 이동하고 무엇을 체험할 것인지를 놓고 의견들이 서로 갈릴 수가 있어요. 그래서 여럿이 하는 일에는 지휘자(사공)가 필요해요.

진 꽃은 또 피지만 꺾인 꽃은 다시 피지 못한다

속담의 속뜻
한번 실패해도 의지를 잃지 않으면 끝내는 성공할 수 있지만 희망과 의지를 잃어버리면 영원히 성공할 수 없다

관련 속담
꽃이 먼저 피고 열매는 나중 맺는다

식물은 열매보다 꽃부터 피워요. 꽃을 찾아다니는 꿀벌이 꽃 속의 꽃가루를 제 몸에 붙여서 다른 꽃에 옮기면 그 자리마다 열매가 맺어요. 그래서 모든 열매는 반드시 꽃이 먼저 핀 다음에 맺기 마련이에요. 이런 이치에서 생겨난 이 속담은 '먼저 원인이 있어야 거기에 따르는 결과가 있음'을 식물에 비유해 일컫는 말이에요.

꽃은 식물의 가지에서 피어나요. 장미를 보아요. 한쪽 가지에서 피어난 꽃은 며칠 지나면 시들지만, 그사이 다른 쪽 가지에서는 또 다른 꽃이 피어요. 하지만, 누군가가 꺾어 버린 가지에서는 더는 꽃이 피지 못해요. 가지 끝까지 공급되어야 할 물과 영양분의 통로가 막혔기 때문이에요. 이런 자연의 이치에 비유하여 '진 꽃은 또 피지만 꺾인 꽃은 다시 피지 못한다'라는 속담이 생겨났어요. 그럼, 사람에게 가지와 꽃은 무엇일까요? 그것은 '의지'와 '꿈'이에요. 그래서 이 속담은 '한번 실패해도 의지를 잃지 않으면 끝내는 성공할 수 있지만, 희망과 의지를 잃어버리면 영원히 성공할 수 없다.'라는 속뜻을 담고 있어요. 예컨대, 한 학생이 어려운 수학 문제를 풀어내려고 애썼어요. 그러나 실패했어요. 그렇게 몇 번 실패를 거듭한 그 학생은 나중에는 수학 공부를 포기했어요. 그 학생은 수학 공부의 꽃을 스스로 꺾어 버린 거예요. 그가 '의지'를 잃지 않았다면 그 꽃은 다시 피었을 거에요.

하루 물림이 열흘 간다

속담의 속뜻
할 일을 한번 나중으로 미루기 시작하면 자꾸 더 미루게 된다

낱말 뜻
물림: 정하여 놓았던 날짜를 뒤로 미룸

관련 속담
봄에 하루 놀면 겨울에 열흘 굶는다

한 해 농사를 시작하는 봄철에 농부가 게으름을 피우면 그만큼 농사가 안 되어요. 그래서 그해 가을의 곡식 수확도 안 좋아져서 한겨울이 되면 생계가 곤란해져요. 그래서 이 속담은 '무슨 일이든 제때 열심히 하지 않으면 훗날에는 곤란해진다.'라는 뜻이에요.

　직장인은 회사에서 할 일이 있고, 소상공인은 사업장에서 할 일이 있고, 농부는 논밭에서 할 일이 있고, 주부는 가정에서 할 일이 있고, 학생은 학교와 집에서 할 일이 있어요. 그런데도 그 사람들이 자기 일을 하루 이틀 미루면, 나중에 할 일까지 겹쳐서 쌓인 일을 해결하기가 쉽지 않을뿐더러 그 '미룸'이 습관이 되어요. 이런 생활 태도에 비유하여 '하루 물림이 열흘 간다'라는 속담이 생겨났어요. 말 그대로 이 속담은 '해야 할 일을 한번 나중으로 미루기 시작하면 자꾸 더 미루게 된다.'라는 뜻을 담고 있어요. 왜 어떤 사람들은 오늘 해야 할 일을 나중으로 미룰까요? 어떤 일을 오늘 해 내기에는 능력이나 시간이 부족할 수도 있고, 마음만 먹으면 해 낼 수는 있지만 오늘 그 일을 하기가 귀찮을 수도 있어요. 그래서 그 원인이 '능력이나 시간 부족'이 아닌 '게으름' 때문이라면, 그 생활 태도를 고치지 않고서는 이 속담이 그 사람을 평생 따라다닐 거예요. '습관'이 되었기 때문이에요.

옥도 갈아야 빛이 난다

속담의 속뜻
1. 아무리 소질이 좋아도 그것을 잘 기르지 못하면 훌륭해지지 못한다
2. 타고난 재능이 있어도 노력을 기울여야 꿈을 이룰 수 있다

낱말 뜻
옥(玉) : 옅은 푸른색을 띠는, 빛깔 좋은 돌

관련 속담
옥에도 티가 있다

'옥'의 한자는 玉이에요. '임금 왕(王)'에 '점'이 찍혀 있어요. 이렇듯, 옥(玉)은 멋진 돌이지만, 옥돌에는 티(흠)가 있기 마련이에요. 이 이치에 비유한 이 속담은 '아무리 훌륭한 사람이나 좋은 물건이라도 자세히 살펴보면 사소한 흠은 있다.'라는 뜻을 담고 있어요.

다이아몬드와 마찬가지로, 자연 상태의 옥돌은 그 자체로는 보석이 되지 못해요. 그것을 원석(原石)이라고 하는데, 원석은 '가공하지 않은 상태의 보석'을 뜻해요. 그래서 원석은 전문가의 손에 맡겨져 다듬어져야 비로소 보석이 되어요. 이에 비유하여 '옥도 갈아야 빛이 난다'라는 속담이 생겨났어요. 아무리 예쁜 색을 담고 있는 원석이라도 반짝반짝 빛나게 갈아내며 멋진 모양으로 만들어 내지 못하면 훌륭한 보석이 되지 못한다는 말이에요. 그래서 이 속담은 '아무리 소질이 좋아도 그 소질을 잘 기르지 못하면 훌륭한 것이 되지 못한다.' 또는 '타고난 재능이 있어도 노력을 기울여야 꿈을 이룰 수 있다.'라는 뜻을 담고 있어요. 좋은 재능이 빛을 보려면 반드시 열심히 노력하는 과정을 거쳐야 한다는 말이에요. 모차르트는 음악에 탁월한 재능을 가지고 태어났지만, 그가 어릴 때부터 연주와 작곡에 많은 노력을 기울이지 않았다면 절대로 세계적인 음악가가 되지 못했을 거예요.

겨울이 지나지 않고 봄이 오랴

속담의 속뜻
1. 세상일은 다 일정한 순서가 있어서 억지로 바꾼다고 이루어지지 않는다
2. 시련을 극복해야만 승리하거나 성과를 이룰 수 있다

관련 속담
겨울을 지내보아야 봄 그리운 줄 안다

겨울은 살기 힘든 계절이에요. 그래서 '겨울'을 혹독한 시련이나 고통에 비유해요. 반면에, '봄'은 생명이 움트는 희망의 계절로 비유되어요. 이처럼 겨울은 견디기 힘들고 봄은 살 만해요. 계절의 특성에 비유한 이 속담은 '사람은 시련과 고통을 경험해 보아야 소박하고 평온한 삶의 의미를 알게 된다.'라는 뜻을 담고 있어요.

여름은 기온과 습도가 높아서 생활하기 불편해요. 오늘날은 여름이면 선풍기와 에어컨이 있어서 크게 불편하지 않지만 옛날에는 안 그랬어요. 그래도 겨울에 비하면 여름은 견딜 만했어요. 겨울은 추워서 백성들에게는 가장 힘든 계절이었어요. 그래도 겨울을 잘 견디고 나면 따스한 봄을 맞이할 수 있었어요. 이런 계절의 변화에 비유하여 '겨울이 지나지 않고 봄이 오랴'라는 속담이 생겨났어요. 계절이 바뀌는 이치에 빗댄 이 속담에는 두 가지 속뜻이 있어요. 첫째는 '세상일은 다 일정한 순서가 있어서 그 순리를 따라야 한다.'라는 뜻이고, 둘째는 '시련을 극복해야만 승리하거나 성과를 이룰 수 있다.'라는 뜻이에요. 예컨대, 분수(分數)를 깨치지 못하면 소수(小數)를 이해할 수 없어요. '분수'는 겨울이고, '소수'는 봄이에요. 또, 분수와 소수의 연산을 깨치려면 하나씩 배우고 익혀야 해요. '배우고 익힘'은 겨울이고, '마침내 깨친 날'은 봄이에요. 겨울이 지나야 봄이 와요.

고기는 씹어야 맛을 안다

속담의 속뜻
1. 냄새만 맡거나 겉만 핥아서는 참맛을 느끼지 못한다
2. 무엇이든 그것을 제대로 알려면 직접 겪어 보아야 한다

관련 속담
고기도 저 놀던 물이 좋다

일상에서 벗어나 여행을 가면 여행지가 멋져 보여요. 그리고 집에 오면 마음이 편해요. 여행지는 낯설어 긴장되지만 집은 익숙해서 마음이 편한 거예요. 물고기도 낯선 환경에서는 불편할 거예요. 그래서 이 속담은 '평수에 낯익은 자신의 고향이나 익숙한 환경이 좋다.'라는 뜻을 담고 있어요. 생각해 보면 인간관계도 그래요.

　삼겹살은 층층이 지방이 끼어 있어서 살코기만 먹을 때보다 부드러워요. 소고기 장조림은 돼지고기보다 잡내도 안 나고 담백해요. 갈치구이는 부드럽고 단맛이 나며, 고등어구이는 살이 단단한 편이고 비린 맛이 나요. 이처럼 고기마다 맛과 향이 달라요. 그런데 이런 차이는 여러 고기를 먹어 보아야 비교할 수 있어요. 향기만으로는 맛을 느낄 수는 없으니까요. 그래서 '고기는 씹어야 맛을 안다'라는 속담이 생겨났어요. 이 속담은 두 가지 뜻으로 쓰여요. 첫째는 '냄새만 맡거나 겉만 핥아서는 참맛을 느끼지 못한다.'예요. 둘째는 '무엇이든 그것을 제대로 알려면 직접 겪어 보아야 한다.'예요. 따라서, 이 속담의 뜻에는 '직접 경험해야 한다.'라는 공통점이 있어요. 예컨대, 수영을 하려면 물속에 들어가야 해요. 그래야 물의 성질과 자기 몸의 움직임을 느끼며 수영할 수 있어요. 물 밖에서 아무리 수영하는 방법을 상상해 보아야 헛수고예요. 뭐든 직접 경험해야 제대로 느낄 수 있어요.

부스럼이 살 될까

속담의 속뜻
이미 그릇된 일이 다시 잘될 가능성은 없다

낱말 뜻
부스럼: 피부에 난 종기(염증)

관련 속담
공연히 긁어서 부스럼 만든다

'부스럼'이 생기면 긁으면 안 돼요. 부스럼을 긁으면 상처가 생기고, 손에 묻은 세균에 감염되면 피부병이 커져요. 이 이치에 비유한 이 속담은 '별 문제가 아닌 일을 쓸데없이 건드려서 오히려 걱정이나 문제를 일으키는 경우'를 일컫는 말이에요.

　'부스럼'은 피부에 생긴 종기예요. '종기'는 살갗에 염증이 생겨난 부위예요. 그래서 옛날부터 부스럼이 생기면 약으로 치료해 왔어요. 부스럼은 며칠 동안 가만두면 저절로 낫기도 하지만, 약으로 치료하면 더 빠르게 나을 수 있기 때문이에요. 그래서 부스럼은 적절히 대처해야 낫는 것이지, 그 자체가 '살'이 되지는 않아요. 이 이치에 비유하여 '부스럼이 살 될까'라는 속담이 생겨났어요. 이 속담은 '이미 그릇된 일이 다시 잘될 가능성이 없음'을 일컫는 말이에요. 예컨대, 운동 경기에서 판정에 잘못이 있지 않고서는 반칙을 범한 선수가 승리하는 경우는 거의 없어요. 축구 같은 구기 종목이든, 쇼트 트랙 같은 빙상 경기든 선수가 반칙을 범하면 심판은 곧바로 경고를 주거나 실격 처리해요. 이뿐 아니라, 세상일의 모든 반칙은 '부스럼'이에요. 어떤 사람이 법과 도덕을 어기고도 당장은 이로울 수도 있겠지만, 언젠가는 탄로 나기 마련이에요. 호주머니 속의 송곳은 언젠가는 삐져나와요.

활이 있으면 살이 생긴다

속담의 속뜻
무엇을 할 수 있는 조건을 갖추면
그 조건에 기초하여 일을 이룰 수 있다

낱말 뜻
살: '살'에는 여러 뜻이 있는데, 이 속담에서는
'창문 살'이나 '부챗살' 같은 사물을 일컬어 '화살'을 뜻함

관련 속담
활을 당기어 콧물을 씻는다

활[弓]을 쏘려면 한쪽 팔로 활시위를 당겨야 해요. 그런데 그 행동은 마치 손등으로 콧물을 닦아 내는 모습과 비슷해요. 그 모습에 비유한 이 속담은 '하고 싶은 일이 있었는데 마침 좋은 핑계가 생겨 그 기회에 함께 해치우는 경우'를 일컫는 말이에요.

한자로는 궁[弓]인 '활'은 화살을 당겨 쏘는 기구예요. 그래서 활은 화살이 있어야 제구실을 해요. 활은 있는데 화살이 없는 상황은 바늘은 있는데 실이 없는 것과 같아요. 이처럼 활과 화살은 한 쌍이에요. 그래서 활을 만드는 사람은 화살도 만들어요. 화살이 없으면 활은 쓸모없으니까요. 이런 관계에 비유하여 '활이 있으면 살이 생긴다'라는 속담이 생겼어요.('살'은 화살을 뜻해요). 이 속담을 풀어 말하면, '쏠 수 있는 활을 갖추었으니, 그 활에 필요한 화살을 만들거나 구하는 일은 어렵지 않다.'예요. 그래서 이 속담이 담고 있는 뜻은 '무엇을 할 수 있는 조건을 갖추면 그 조건에 기초하여 일을 이룰 수 있다.'예요. 예컨대, 피리를 멋지게 연주하고 싶은 한 학생이 있어요. 그러려면 그 학생에게 피리가 있어야 해요. 그 마음을 알아차린 아빠가 그 학생에게 크리스마스 선물로 피리를 선물했어요. 이제 그 학생에게 화살만 있으면 돼요. 그 화살은 연주를 배우고 연습하는 일이에요.

엿장수네 아이 꿀 단 줄 모른다

속담의 속뜻
어떤 것을 늘 보거나 겪으면
그보다 훌륭한 것을 만나도 그 가치를 느끼지 못한다

낱말 뜻
엿장수네: '엿'을 파는 사람의 가족

관련 속담
나귀는 제 귀 큰 줄 모른다

나귀(당나귀)의 귀는 커요. 하지만 나귀는 귀가 보이지 않아서 자기 귀가 큰 줄을 몰라요. 이 점을 비유한 이 속담은 '사람들은 남의 허물은 잘 알아보아도 자기 허물을 알기는 어렵다.'라는 뜻을 담고 있어요. 요즘 유행어 '내로남불'을 떠올리게 하는 속담이에요.

　엿은 꽤 달고 끈적한 간식이에요. 엿장수는 엿을 파는 사람이에요. 그래서 엿장수의 가족은 엿을 자주 먹을 수 있을 거예요. 꿀도 무척 달고 끈적한 음식이에요. 그런데 옛날에는 꿀은 엿보다 더 맛있고 귀한 음식이었어요. 꿀은 벌에게 얻을 수밖에 없기 때문이에요. 이런 비교에서 '엿장수네 아이 꿀 단 줄 모른다'라는 속담이 생겨났어요. 엿에만 익숙한 아이는 엿이 세상에서 가장 단 음식이라고 믿는다는 말이에요. 그래서 이 속담에 담긴 뜻은 '어떤 것을 늘 보거나 겪으면 그보다 더 훌륭한 것을 만나도 그 가치를 느끼지 못한다.'예요. 예컨대, 맨땅 운동장에서만 축구하던 사람이 잔디 경기장에서 경기하게 되면 한동안은 그 진가를 잘 느끼지 못해요. 축구공이 잘 구르지 않고 바닥이 푹신푹신해서 뛰어다니기가 불편하다고 느낄 거예요. 익숙한 것은 몸에 익어서 마음 편하지만, 그것만 고집하면 발전이 없어요. 더 훌륭한 것은 처음에는 낯설어도 머잖아 새로운 꿀맛을 느낄 수 있어요.

찾아보기

ㄱ

가는 날이 장날이다 98~99
가는 정이 있어야 오는 정이 있다 118
가랑잎이 솔잎더러 바스락거린다고 한다 26~27
가마 속의 콩도 삶아야 먹는다 24~25
가지 많은 나무에 바람 잘 날 없다 80
겨울바람이 봄바람보고 춥다 한다 26
겨울을 지내보아야 봄 그리운 줄 안다 134
겨울이 다 되어야 솔이 푸른 줄 안다 106
겨울이 지나지 않고 봄이 오랴 134~135
고기는 씹어야 맛을 안다 136~137
고기도 저 놀던 물이 좋다 136
고생 끝에 낙이 온다 69
고추보다 후추가 더 맵다 62~63
공연히 긁어서 부스럼 만든다 138
곶감 뽑아 먹듯 54
구름이 자꾸 끼면 비가 온다 102~103
구슬이 서 말이라도 꿰어야 보배 24
굽은 나무가 선산을 지킨다 94~95
귀 소문 말고 눈 소문 내라 120~121
급하면 바늘허리에 실 매어 쓸까 88
급히 먹은 밥이 목이 멘다 60
기름을 엎지르고 깨를 줍는다 104~105
길로 가라니까 뫼로 간다 70
길이 멀면 말의 힘을 알고 날이 오래면 사람의 마음을 안다 74
김 안 나는 숭늉이 더 뜨겁다 90~91
꽃이 먼저 피고 열매는 나중 맺는다 128
꾸러미에 단 장 들었다 32
꿀은 달아도 벌은 쏜다 86~87
끝이 좋아야 모든 게 좋다 75

ㄴ

나귀는 제 귀 큰 줄 모른다 142
나무도 쓸 만한 것이 먼저 베인다 94
낙숫물은 떨어진 데 또 떨어진다 28~29
낙숫물이 댓돌을 뚫는다 28~29
냇물은 보이지도 않는데 신발부터 벗는다 88~89
누울 자리 봐 가며 발을 뻗어라 48~49
눈 와야 솔이 푸른 줄 안다 106~107
늙은 소 흥정하듯 108

ㄷ

다리 아래서 원을 꾸짖는다 28~39

달도 차면 기운다 36~37
달면 삼키고 쓰면 뱉는다 86
덕은 닦은 데로 가고 죄는 지은 데로 간다 34
돌다리도 두들겨 보고 건너라 38
뒤주 밑이 긁히면 밥맛이 더 난다 76~77
드는 정은 몰라도 나는 정은 안다 118~119
들은 귀는 천 년이요 한 입은 사흘이라 82~83
떡은 치고 국수는 만다 78
뚝배기보다 장맛이 좋다 32~33

ㅁ

머슴살이 삼 년에 주인 성 묻는다 112~113
먼저 배 탄 놈이 나중 내린다 126
모르면 약이요 아는 게 병 46~47
몹시 데면 회도 불어 먹는다 56
물도 가다 구비를 친다 36
물은 건너 보아야 알고 사람은 지내보아야 안다 122
물이 깊어야 고기가 모인다 34~35
물이 깊을수록 소리가 없다 30
미꾸라지 천 년에 용 된다 124~125
미꾸라지 한 마리가 온 웅덩이를 흐려 놓는다 124
미운 사람 고운 데 없고, 고운 사람 미운 데 없다 66~67
믿는 도끼에 발등 찍힌다 116

ㅂ

바람 따라 돛을 올린다 92
밤낮으로 여드레를 자면 참 잠이 온다 58
버들가지가 바람에 꺾일까 92~93
벼 이삭은 익을수록 고개를 숙인다 30~31
보기 좋은 떡이 먹기도 좋다 84
복은 쌍으로 안 오고 화는 홀로 안 온다 50~51
봄에 하루 놀면 겨울에 열흘 굶는다 130
부스럼이 살 될까 138~139
비 온 뒤에 땅이 굳어진다 68~69
비를 드니까 마당을 쓸라 한다 40~41
빈 수레가 더 요란하다 90

ㅅ

사공이 많으면 배가 산으로 간다 126~127
사흘 살고 나올 집이라도 백 년 앞을 보고 짓는다 52~53
산엘 가야 꿩을 잡고 바다엘 가야 고기를 잡는다 114~115
산은 오를수록 높고 물은 건널수록 깊다 96

산이 높아야 골이 깊다 96~97

선무당이 마당 기울다 한다 110

선무당이 장구만 탓한다 110~111

선입견 67

세 사람만 우겨 대면 없는 호랑이도 만들어
 낼 수 있다 66

세 살 버릇이 여든까지 간다 64

소도 언덕이 있어야 비빈다 108~109

소문난 잔치에 먹을 것 없다 120

소탐대실 105

손 안 대고 코 풀기 100~101

손이 많으면 일도 쉽다 100

손톱은 슬플 때마다 돋고 발톱은 기쁠 때마다
 돋는다 80~81

솔개도 오래면 꿩을 잡는다 114

수제비 잘하는 사람이 국수도 잘한다 78~79

쉰 더운 방이 쉬 식는다 60~61

쌀독에서 인심 난다 44

쌀은 쏟고 주워도 말은 쏟고 못 줍는다
 42~43

쏘아 놓은 살이요, 엎질러진 물이다 42

ㅇ

아 해 다르고 어 해 다르다 27

아니 땐 굴뚝에 연기 날까 72~73

안 본 용은 그려도 본 뱀은 못 그린다
 84~85

없어 일곱 버릇, 있어 마흔여덟 버릇
 64~65

열 길 물속은 알아도 한 길 사람의 속은
 모른다 122~123

엿장수네 아이 꿀 단 줄 모른다 142~143

옆집 처녀 믿고 장가 안 간다 116~117

옆찔러 절 받기 40

오르지 못할 나무는 쳐다보지도 마라 48

옥도 갈아야 빛이 난다 132~133

옥에도 티가 있다 132

우보천리 29

우선 먹기는 곶감이 달다 54~55

웃느라 한 말에 초상난다 82

유유상종 59

입에 쓴 약이 병에는 좋다 46

ㅈ

자라 보고 놀란 가슴 솥뚜껑 보고 놀란다
 56~57

작은 고추가 더 맵다 62

잠꾸러기 집은 잠꾸러기만 모인다 58~59
재주는 장에 가도 못 산다 98
지는 힘보다 놓는 힘이 더 든다 74~75
진 꽃은 또 피지만 꺾인 꽃은 다시 피지 못
   한다 128~129
질러가는 길이 돌아가는 길이다 70~71
짝 없는 화가 없다 50

ㅊ

참깨가 기니 짧으니 한다 104

ㅋ

콩 심은 데 콩 나고 팥 심은 데 팥 난다 72

ㅌ

태산을 넘으면 평지를 본다 68

ㅎ

하루 물림이 열흘 간다 130~131
한집에 있어도 시어미 성 모른다 112
호미로 막을 것을 가래로 막는다 52
활을 당기어 콧물을 씻는다 140
활이 있으면 살이 생긴다 140~141
흘러가는 물도 떠 주면 공이 된다 44~45

독서 감상문

마음으로 생각하는 인성 공부 시리즈 3
속뜻을 알려주고 표현을 살려주는 성장기 속담

초판 발행일 2022년 1월 3일
지은이 윤병무

펴낸곳 국수
등록번호 제2018-000158호
주소 경기도 고양시 일산동구 진밭로 36-124
전화 (031) 908-9293
팩스 (031) 8056-9294
전자우편 songwriter@kuksu.kr

ⓒ 윤병무, 2022, Printed in Goyangsi, Korea

ISBN 979-11-90499-38-5 74140
ISBN 979-11-90499-35-4 (세트)

- 책값은 뒤표지에 쓰여 있습니다.
- 이 책의 저작권은 저자에게, 출판권은 '국수'에 있습니다.
- 이 책 내용의 전부는 물론 일부라도 재사용하려면 반드시 '국수'의 동의를 얻어야 합니다.
- 잘못 만들어진 책은 구입하신 서점에서 교환해드립니다.

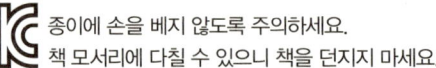
종이에 손을 베지 않도록 주의하세요.
책 모서리에 다칠 수 있으니 책을 던지지 마세요.